Ingo Kober • Andreas Ochsenbein

Jemenchamäleon und Pantherchamäleon

Pflege, Fortpflanzung und Lebensweise

Zweite, erweiterte Auflage
225 Farbfotos
3 Zeichnungen
Kirschner & Seufer Verlag

Schutzumschlag (außen): *F. pardalis* und *C. calyptratus* (kleines Bild): Andreas Kirschner.
Titelbild: *C. calyptratus* (oben): Ingo Kober, *F. pardalis* (unten links) und *C. calyptratus* (unten rechts): Andreas Kirschner, Hautaufnahme: Michel Luquet.
Vorsatz/Nachsatz: *Chamaeleo calyptratus*: Ingo Kober.
Schmutztitel: *Furcifer pardalis*: Michel Luquet.

Hinweis: Alle in diesem Buch enthaltenen Angaben, Empfehlungen, Daten, Dosierungsanleitungen etc. wurden von den Autoren nach bestem Wissen erstellt und sorgfältig überprüft. Da inhaltliche Fehler nicht völlig auszuschließen sind, übernehmen die Autoren und der Verlag keinerlei Haftung.

Es ist nicht empfehlenswert, eine Situation, wie sie auf dem Schmutztitel dargestellt ist, herbeizuführen. Die Gefahr, dass dabei unter Umständen ein Tier zu Schaden kommt, ist zu groß.

ISBN 978-3-940376-01-5

Lektorat: Cathérine Hillger M.A.
www.KUS-Verlag.de
E-Mail: kirschner@KUS-Verlag.de
Printed in Germany

Inhaltsverzeichnis

Einleitung

In den letzten Jahren hat die Terraristik einen ungeheuren Aufschwung erlebt. Waren Terrarianer noch vor wenigen Jahren weitgehend auf Improvisationstalent und bastlerisches Geschick angewiesen, wenn sie ihren Pfleglingen eine artgerechte Unterbringung bieten wollten, so gibt es heute eine Flut von Anbietern geeigneter Terrarien und des nötigen technischen Zubehörs. Auch ist inzwischen eine Vielzahl von Futtertierarten jederzeit erhältlich und die Menge an allgemeinverständlicher hochwertiger terraristischer Literatur ist enorm angestiegen.

Desgleichen hat die Zahl nachgezüchteter Terrarientiere stark zugenommen und ebenso die Vielfalt der erhältlichen Arten.

Die Haltung von Chamäleons „boomt“ derzeit außerordentlich. Galten diese Tiere noch vor 20 Jahren als nahezu unhaltbar, so sind inzwischen von mehreren Arten regelmäßig Nachzuchttiere erhältlich und der Wissensstand zur artgerechten Unterbringung hat sich enorm erweitert. Parallel mit der Nachfrage steigt aber auch die Importrate für diese Echsengruppe und wegen der schwierigen Eingewöhnung und des oft hohen Parasitenbefalls sind auch heute noch die meisten importierten Chamäleons Todeskandidaten, wenn sie nicht in die Hände besonders erfahrener Terrarianer gelangen.

Inzwischen gelten hauptsächlich zwei Chamäleonarten als besonders gut halt- und züchtbar: Das Jemenchamäleon (*Chamaeleo calyptratus*) und das Pantherchamäleon (*Furcifer pardalis*); beide Arten werden jederzeit angeboten.

Das große Angebot an Nachzuchten von Jemen- und Pantherchamäleons reizt viele Terrarianer, es auch einmal mit solch einem Chamäleon zu versuchen, zumal den Angehörigen beider Arten der Ruf von „Anfängertieren“ vorausgeht. Leider ist vielen, solcher mehr oder weniger spontan gekauften Chamäleons, kein langes Leben beschieden, wie allein die Tatsache zeigt, dass trotz hoher Nachzuchtrate weiterhin die Nachfrage das Angebot bei weitem übersteigt.

Das ist schade, denn einerseits stellen diese Chamäleons recht spezifische Ansprüche an ihren Halter, andererseits sind diese Ansprüche inzwischen sehr gut bekannt und der Aufwand, der nötig ist, Chamäleons der beiden Arten jahrelang gesund zu erhalten, ist nicht einmal übermäßig groß. Man muss nicht viel tun, damit es diesen Tieren im Terrarium gut geht, aber man muss das Richtige tun!

Jemen- und Pantherchamäleons stehen sich verwandtschaftlich nicht besonders nahe und haben auch räumlich weit voneinander getrennte Verbreitungsgebiete (Arabische Halbinsel/Madagaskar). Warum also in einem Buch gerade diese beiden Arten gemeinsam darstellen?

Nun, beide Arten sind für Chamäleonverhältnisse ausgesprochen euryök.

und dennoch handlicher Größe vereinen, ist ihr Beliebtheitsgrad ungebrochen.
Die meisten Anfänger in der Chamäleonhaltung beginnen wohl mit der Haltung einer dieser beiden Arten und das war Grund genug, diese sich innerhalb der Chamäleonfamilie so gar nicht nahestehenden Spezies in einem gemeinsamen Buch, das sich vor allem an den Einsteiger in der Chamäleonhaltung richtet, abzuhandeln
Dieses Buch soll eine Hilfe dabei sein, herauszufinden, ob ein Chamäleon der genannten Arten zu den Wünschen und Fähigkeiten des angehenden Pflegers passt und wie die Ansprüche dieser Tiere im Einzelnen zu erfüllen sind.
Wir haben dabei Erfahrungen und Berichte von Wissenschaftlern und Terrarianern mit reichlich eigenen Beobachtungen und Erkenntnissen untermauert und ergänzt und denken daher, dass auch der erfahrene Terrarianer diesem Buch noch die eine oder andere hilfreiche Information entnehmen kann.

Das bedeutet, sie sind verhältnismäßig flexibel, was Lebensraumparameter angeht und können sich recht gut an unterschiedliche Bedingungen anpassen. Eben diese Eigenschaft hat wahrscheinlich die Grundlage dafür gelegt, dass diese beiden Arten Vorreiter bei der Pflege von Chamäleons in Terrarien waren und sind.
Vor allem das Jemenchamäleon hat viel dazu beigetragen, den jahrzehntelangen Ruf der generellen Unhaltbarkeit von Chamäleons in menschlicher Obhut zu widerlegen und den Weg geebnet für die erfolgreiche Haltung auch empfindlicherer Arten. Heute wird eine Vielzahl von Chamäleonarten in Terrarien gepflegt und auch vermehrt. Trotzdem gibt es bei manchen Arten auch derzeit noch Rückschläge und viele Arten sind immer noch weit davon entfernt in der Terraristik fest etabliert und allein durch Nachzucht erhaltbar zu sein.
So weit fortgeschritten sind die Haltungserfolge nur bei wenigen Arten und Jemen- sowie Pantherchamäleon stehen dabei auch heute noch ganz vorne. Da beide Arten ihre terraristische Eignung mit beachtlicher bis geradezu unglaublicher Farbenpracht sowie ansehnlicher

Allgemeine Systematik

Seit den Untersuchungen von Klaver & Böhme (1986), wird die den Agamen nahe stehende Familie der Chamäleons, die Chamaeleonidae, in zwei Unterfamilien, Chamaeleoninae und Brookesiinae unterteilt. Diese Unterteilung wurde vor allem anhand vergleichender morphologischer Untersuchungen der Lungen- sowie der Hemipenisstrukturen gerechtfertigt.

Die derzeit knapp 40 bekannte Arten umfassende Gruppe der afrikanischen (*Rhampholeon* und *Rieppeleon*) und madagassischen (*Brookesia*) Zwerg- oder Stummelschwanzchamäleons, die Brookesiinae, bietet ein relativ einheitliches Erscheinungsbild und umfasst wie der Name schon sagt, kleinwüchsige und kleinste Arten. Ihre Mitglieder sind fast ausnahmslos bräunlich gefärbte Bodenbewohner tropischer Wälder mit geringem Farbwechselvermögen. Alle Arten sind eierlegend. Dagegen umfasst die Gruppe der „echten" Chamäleons, Chamaeleoninae, mit ungefähr 136 bekannten Arten aus sechs Gattungen (*Bradypodion*, *Calumma*, *Chamaeleo*, *Furcifer*, *Kinyongia* und *Nadzikambia*) sehr viel variablere Arten, was Größe, Farbwechselvermögen und Lebensraum angeht. Neben den eierlegenden Arten, existieren hier in der Untergattung *Trioceros* innerhalb der Gattung *Chamaeleo* aber auch in der Gattung *Bradypodion* ovovivipare Arten, deren Junge sofort nach oder bereits bei der Ablage aus den Eihäuten schlüpfen.

In naher Zukunft dürften direkte molekularbiologische Analysen der genetischen Verwandtschaftsgrade der Chamäleons untereinander neue Erkenntnisse bringen und es wird sich zeigen, ob die auf morphologischen Untersuchungen beruhende, nicht völlig unumstrittene Klassifizierung nach Klaver & Böhme (1986) die natürlichen Verwandtschaftsverhältnisse widerspiegelt oder ob in einigen Fällen eine Reklassifizierung erforderlich sein wird.

Generelle Merkmale und Anpassungen an die kletternde Lebensweise

Bei den Jemen- und Pantherchamäleons handelt es sich um typisch gebaute Vertreter ihrer Familie. Lediglich das männliche Jemenchamäleon weicht mit seinem stark vergrößerten Helm, der ein im wahrsten Sinne des Wortes hervorstehendes Merkmal dieser Art darstellt, von der typischen Chamäleongrundgestalt ab. Wie alle Chamäleons zeigen auch das Jemen- und das Pantherchamäleon die familientypischen Anpassungen an das Leben eines baumbewohnenden Lauerjägers, der viele Feinde zu fürchten hat.

Ausschnitt aus dem hypothetischen Stammbaum der Schuppenkriechtiere nach Lee (1998)

Pantherchamäleon (*Furcifer pardalis*)

Besonders auffallende Anpassungen aller echten Chamäleons an diese Lebensweise sind der in Ruhe eingerollte Greifschwanz, der beim Jemen- und Pantherchamäleon etwa körperlang ist sowie die zu Greifzangen umfunktionierten Füße und Hände. Bei diesen sind jeweils zwei und drei Finger bzw. Zehen bis fast zur Spitze miteinander verwachsen (Zygodactylie) und stehen sich in je zwei Gruppen zangenartig gegenüber. Während an den Vorderfüßen die Zweiergruppe außen liegt, zeigen an den Hinterfüßen umgekehrt die drei verwachsenen Zehen nach außen. Mit diesen Kletterhilfen halten sich Chamäleons auch bei starkem Wind sicher im Geäst. Beim Klettern können sich die Tiere jederzeit verlässlich mit einem Fuß oder dem Greifschwanz allein festhalten. Der Griff der Füße ist so fest, dass es für den Menschen

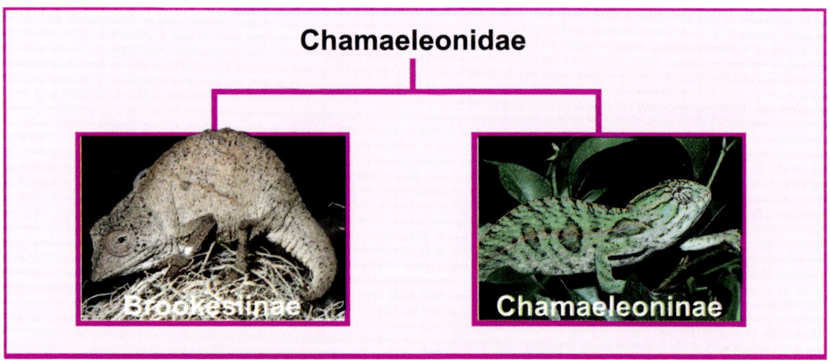

Hypothetischer Stammbaum der Chamaeleonidae nach KLAVER & BÖHME (1986)

Ausgewachsenes männliches Jemenchamäleon (*Chamaeleo calyptratus*)

schmerzhaft sein kann, wenn ihm ein größeres Chamäleon über den Arm klettert und dabei fest zupackt. Wie bei den meisten Agamen, den nächsten Verwandten der Chamäleons, ist der Greifschwanz weder abwerfbar (autotomierbar) noch wächst er bei Verlust wieder nach. Neben den Anpassungen im Bau der Gliedmaße haben die Chamäleons auch eine komplexe Lungenstruktur entwickelt, die vogelähnlich wirkt. Allerdings erstrecken sich bei den Chamäleons die Luftsäcke nicht bis in die Knochen und sind kleiner und zahlreicher als bei den Vögeln. Ihre Ausprägung ist, im Gegensatz zu den Verhältnissen bei den Vögeln, bei den Chamäleons recht variabel und wird daher auch gerne zur Analyse von Verwandtschaftsverhältnissen herangezogen. Anders auch als bei den Vögeln, dienen die Luftsäcke wohl weniger der Leistungssteigerung der Atmung, sondern sind vor allem bei der Gestaltveränderung wichtig. Denn mit ihrer Hilfe können die Chamäleons durch Aufblähen oder das Ablassen von Luft ihre Körpergestalt dramatisch verändern. Von fast kugelförmig bis nahezu papierdünn, von hochrückig bis langgestreckt. Diese Fähigkeit wird vielfältig beim Paarungs- und Drohverhalten sowie zur Tarnung

Typische Chamäleonextremitäten

Polydactylie ist auch bei Chamäleons bekannt

Ausgewachsenes männliches Pantherchamäleon (*Furcifer pardalis*)

genutzt, kommt aber auch zum Einsatz, wenn nach einer kalten Nacht der Sonne zum Aufwärmen eine möglichst große Körperoberfläche präsentiert oder im Gegenteil bei starker Sonneneinstrahlung diese Fläche minimiert werden soll. Wer erstmals ein männliches Jemen- oder Pantherchamäleon beobachtet hat, wie es gerade voll aufgebläht, mit hoch gespanntem Körper einem Rivalen droht und dabei eindrucksvoll seine Größe demonstriert, wird kaum glauben, dasselbe Tier vor sich zu haben, wenn es sich später blattdünn und nur ein Drittel so hoch wie zuvor hinter einem dünnen Ast versteckt.

Anpassungen an das Leben als gejagter Lauerjäger

Chamäleons sind keine besonders wehrhaften oder großen Tiere und passen daher in das Beuteschema vieler Beutegreifer. Anders als viele ihrer Verwandten im Echsenreich vertrauen sie aber nicht auf große Schnelligkeit, um ihren Feinden zu entkommen, sondern haben die Fähigkeit, sich durch Tarnung nahezu unsichtbar zu machen, zu einer beachtenswerten Perfektion getrieben. Dabei nutzen sie diese Fähigkeit nicht nur zum Schutz vor Fressfeinden, sondern gleichermaßen um als Lauerjäger selbst ahnungslose Beutetiere nahe an sich heran kommen zu lassen, um diese dann schnell und sicher zu erbeuten, ohne dabei die Schutz bietende Tarnung durch auffällige Bewegungen aufgeben zu müssen.

Bewegungslosigkeit oder Unauffälligkeit, farbliche und gestaltliche Anpassung an die Umgebung sowie effiziente, aber unauffällige Jagdmethoden sind die Spezialität aller Chamäleons.

Erschreckte Chamäleons flüchten daher nur in seltenen Fällen. Sie erstarren mitten in der Bewegung oder nach raschem Verschwinden hinter einem Ast. Aber auch bei der Fortbewegung wird durch permanentes Vor- und Zurückschwanken versucht, mehr an ein durch Wind bewegtes Pflanzenteil zu erinnern als an ein leckeres wehrloses Beutetier. Je unsicherer ein Chamäleon ist, umso stärker schwankt es bei der Fortbewegung.

Augen

Da Regungslosigkeit einen guten Schutz bietet, haben die Chamäleons die Fähigkeit entwickelt, regungslos ihre Umwelt rundum zu beobachten und ohne auffallende Körperbewegungen Beutetiere auch über die Distanz einer Körperlänge sicher zu erbeuten.
Zu diesem Zweck sind die Augen unabhängig voneinander bewegbar. Zudem stehen sie kuppelartig und weit aus dem Schädel hervor. Dies ermöglicht einen perfekten Rundumblick. Die Augen stellen das wichtigste Sinnesorgan der Chamäleons dar und sind

Chamäleonaugen sind unabhängig voneinander bewegbar, mit ihnen können die Tiere auch die Entfernung zum Objekt schätzen

erstaunlich leistungsfähig. Nicht nur können sie sich viel schneller als menschliche Augen auf verschiedene Entfernungen einstellen, wobei bereits die Fixierung mit einem Auge dem Chamäleon zur Ermittlung der genauen Entfernung ausreicht. Menschen können, ebenso wie die meisten anderen Wirbeltiere, Entfernungen dagegen nur dann sicher abschätzen, wenn das Objekt im Blickfeld beider Augen liegt. Nur dann ist räumliches Sehen und darüber eine Entfernungsabschätzung möglich.
Bei einer Spiegelreflexkamera beispielsweise kann man dagegen mit nur einem Objektiv die Entfernung ermitteln, indem man an der Entfernungseinstellung dreht, bis der Gegenstand auf der Mattscheibe maximal scharf abgebildet wird. Dann kann man am Einstellring die genaue Objektentfernung ablesen. Nach einem ähnlichen Prinzip funktioniert das Chamäleonauge. Über die zur Scharfeinstellung notwendige Muskelanspannung errechnet das Chamäleonhirn die Objektentfernung. So kann bereits durch Fixierung mit nur einem Auge die Entfernung zu einem Beutetier genau

bestimmt und der Zungenschuss entsprechend eingeleitet werden.

Die enorme Bandbreite unterschiedlicher Brechkräfte, die durch Verformung der Chamäleonaugenlinse erzielt werden kann, ermöglicht dabei eine extrem genaue Entfernungsabschätzung beim Beutefang (OTT & SCHAEFFEL 1995).

Wenn das Chamäleon einäugig eine Beute fixiert, kann es im Übrigen im Gegensatz zum Volksglauben nicht gleichzeitig das andere Auge nutzen, um eine potenzielle Gefahr zu entdecken oder auch nur die Umgebung im Auge zu behalten. Vielmehr wertet das Gehirn während des einäugigen Fixierens ausschließlich die Signale dieses einen Auges aus, und das Tier ist in dieser Zeit auf dem anderen Auge gewissermaßen blind. Im Normalfall strebt das Chamäleon daher ein beidäugiges Fixieren der Beute an. In diesem Zustand werden die beiden sonst unabhängig gesteuerten Augen vom Gehirn vorübergehend gekoppelt. So wird die Entfernungseinschätzung durch die Auswertung der Brechkrafteinstellung zweier Augen noch genauer und zusätzlich durch echtes dreidimensionales Sehen unterstützt (OTT 2001).

Hilfreich ist dabei auch, dass das Chamäleonauge Objekte auf der Netzhaut größer abbildet als das bei anderen Tieren mit ähnlicher Augengröße der Fall ist. Das erhöht die Sehschärfe,

Chamäleons sind in der Lage, Licht im UV-A-Bereich wahrzunehmen. Das *Furcifer oustaleti* reflektiert UV-Strahlen, sichtbar gemacht durch das Bestrahlen mit Schwarzlicht

Bereits in der Endphase des Zungenschusses werden die empfindlichen Augen zum Schutz geschlossen

schränkt aber gleichzeitig das Blickfeld ein. Diesen Nachteil gleichen Chamäleons jedoch durch permanente ruhelose Augenbewegungen weitgehend aus. Auch hierbei kommt ihnen die Fähigkeit zugute, beide Augen unabhängig voneinander bewegen zu können.

Im Vergleich zu Menschen haben Chamäleons in ihrer Netzhaut einen zusätzlichen Zelltyp zur Farbwahrnehmung. Sie verfügen nicht über drei, sondern vier Arten der sogenannten Zäpfchenzellen.

Dies bringt es mit sich, dass ihre Farbwahrnehmung von der unseren abweicht. Anders als Menschen können Chamäleons auch noch Licht im nahen UV-Bereich (UV-A-Bereich) als Farbe wahrnehmen (Bowmaker 2005). Wahrscheinlich beinhalten auch die der innerartlichen Kommunikation dienenden stimmungsabhängigen Farbmuster der Chamäleons Signale im UV-A-Bereich.

Um den Tieren eine naturnahe Farbwahrnehmung zu ermöglichen und auch das Erkennen von Farbsignalen bei Artgenossen zu erleichtern, ist es daher wichtig, im Terrarium für eine Beleuchtung zu sorgen, die auch im für Menschen unsichtbaren UV-A-Bereich noch ausreichend Licht abgibt. Darauf ist bei der Anschaffung von Leuchtmitteln zu achten.

Zunge

Der Zungenschuss, also das Beutemachen über ein Einfangen mit der weit herausgeschleuderten Zunge ist eine weitere Be-

Zungenschuss eines Pantherchamäleons

durch unnötige Bewegungen zu verraten. Der Zungenschuss ermöglicht den Beutefang, ohne das Zielobjekt durch zu große Annäherung frühzeitig zu verjagen und ohne das Chamäleon seinerseits durch heftige Körperbewegungen aus seiner Deckung heraus für Beutegreifer sichtbar zu machen. Diese Strategie ist zwar innerhalb der Reptilien einmalig, aber immerhin so effektiv, dass sie im Tierreich gleich mehrfach unabhängig voneinander „erfunden" wurde. Viele Frösche und die Schleuderzungensalamander fangen ihre Beute nach diesem Prinzip, aber auch Libellenlarven mit ihrer Fangmaske und Kalmare mit den verlängerten Fangtentakeln haben ein ähnliches Prinzip verwirklicht, obwohl beiden eine der Wirbeltierzunge entsprechende Bildung fehlt.

Da der Zungenschuss aber innerhalb der Reptilien so charakteristisch für die Chamäleons ist, sei er hier etwas ausführlicher vorgestellt. Das

sonderheit der Chamäleons und passt in die Strategie, sich möglichst in keiner Lebenssituation

Geschehen an sich gleicht auch in seiner Mechanik wirklich mehr einem Schuss als

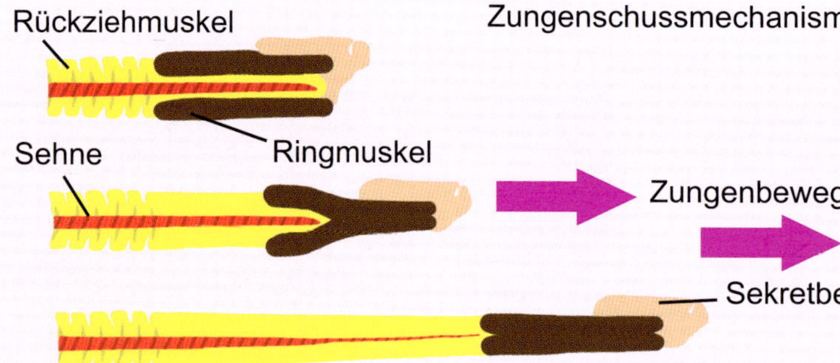

Zungenschussmechanismus nach Kardong (1998)

einem Vorstrecken der Zunge. Das Zungenbein der Chamäleons hat nämlich einen langen und dornförmigen Fortsatz. Darauf ist die innen hohle Zunge im Ruhezustand gewissermaßen aufgekrempelt. Der endständige Teil der Zunge enthält einen äußerst kräftigen Ringmuskel, der im Ruhezustand das Ende des Zungenbeinfortsatzes umgreift. Der Schuss funktioniert nun in etwa wie das Schnippen eines glitschigen Kirschkernes mit den Fingerspitzen, nur dass hier der Kern (Zungenbeinfortsatz) vor Ort bleibt, während die „Hand" (muskulöse Zungenspitze) fortgeschleudert wird. Denn der Ringmuskel kontrahiert sich zum Schuss kräftig und „schnippt" dabei die Zunge vom Zungenbeinfortsatz in Richtung des anvisierten Beutetieres. Das Zurückziehen erfolgt viel langsamer als der Abschuss mit Muskeln, die die Zunge wieder auf das Zungenbein hinaufziehen. Obwohl es im Einzelfall ausreicht, das Beutetier mit einem Auge zu fixieren, beginnt die Aktion in der Regel mit einem beidäugigen Fixieren und Ausrichten des Kopfes auf das Beutetier hin. Je nach Hunger und Temperament bewegt sich das Chamäleon nun eventuell auch einige Schritte auf die Beute zu, falls die Entfernung noch zu groß ist oder sich das Futtertier vom Chamäleon wegbewegt. Spätestens dabei wird die Maulspalte leicht geöffnet und die Zungenspitze erscheint. Ist das Beutetier nahe genug – beim Jemen- bzw. Pantherchamäleon heißt das, in etwa einer Körperlänge Abstand – so erfolgt nun der eigentliche Schuss, bei dem die Zunge innerhalb weniger hundertstel Sekunden wie beschrieben hervorgeschleudert wird, mit ihrer greiffähigen zweizipfeligen Spitze das Beutetier fasst und mit zurück ins Maul zieht. Im Gegensatz zur verbreiteten Meinung wird das Beutetier nicht geleimt, sondern richtiggehend gegriffen. Lediglich bei kleinen Beutetieren kann die nicht klebrige Sekretbeschichtung der Zunge ein Anhaften über Adhäsionskräfte unterstützen.

Nun wird das Beutetier sehr rasch mit Hilfe der Zunge im Maul in eine Position gebracht, die ein Töten durch Zerquetschen mit den Kiefern ermöglicht. Das geschieht immer noch so schnell, dass auch wehrhafte Beutetiere in der Regel keine Chance haben, den empfindlichen Zungenmechanismus ernsthaft zu verletzen. Beim und nach dem Töten wird das Beutetier noch mit Hilfe des im Gaumendach versenkten so genannten Jakobsonschen Organs auf seinen Geschmack hin geprüft und besonders unangenehm schmeckende Beutetiere werden wieder ausgespieen. Nach dem Abfeuern der Zunge schließen Chamäleons übrigens die empfindlichen Augen. Das im Vergleich zum Abschuss deutlich langsamere Rückziehen der Zunge erfolgt je nach Größe und Bewegungen des Beutetieres oft nicht geradlinig, sondern die Zunge pendelt einige Male rasch hin und her, bevor sie eingezogen werden kann. Dabei besteht Verletzungsgefahr für die Augen. Ähnlich wie bei Fröschen, aber auch vielen anderen Echsen gut beobachtbar, nutzt das Chamäleon die nach innen gedrückten Augäpfel, um den Transport der Beute vom Maul in den Schlund hinein zu unterstützen.

Geruchs- und Geschmackssinn

Zwar werden besonders eklig schmeckende Beutetiere ausgespieen, doch spielen Geschmacks- und Geruchsinn im Leben der Chamäleons wohl eher eine untergeordnete Rolle. Ob Chamäleons überhaupt im herkömmlichen Sinn riechen können, ist umstritten. Auf jeden Fall ist aber zu beobachten, dass unbekannte Objekte bisweilen mit der Zunge abgetastet werden. Zurück ins Maul gezogen kann so die Zunge, wie bei Schlangen und anderen Echsen, dem Jakobsonschen Organ Geruchs-informationen über die betastete Oberfläche vermitteln.

Hörsinn

Allen Chamäleons fehlt ein echtes äußeres Trommelfell und eine Ohröffnung. Für mehre-

Jede Chamäleonart besitzt ihre spezifischen Farbmuster

re Arten der echten Chamäleons konnte jedoch gezeigt werden, dass eine dünne Knochenplatte an den Kopfseiten in ähnlicher Weise wie ein Trommelfell der Schallübertragung in das Innenohr dient (Wever 1968). Da außerdem die inneren Elemente des Hörsystems in ihrer Ausbildung kaum von denen anderer Echsen abweichen, ist anzunehmen, dass die Tiere zumindest laute und niederfrequente Geräusche wahrnehmen.

Farbwechsel

Ein jedermann bekanntes Merkmal der Chamäleons, ist ihr ausgeprägtes Farbwechselvermögen. Im Gegensatz zur Volksmeinung können die Tiere aber nicht jede beliebige Farbe und jedes beliebige Muster annehmen, sondern den möglichen Variationen sind artspezifische Grenzen gesetzt. Auch dient das Farbwechselvermögen keineswegs nur der Tarnung, sondern ist vor allem auch ein Ausdruck der jeweiligen Stimmungslage des Tieres und dient der innerartlichen Kommunikation. Der Vorgang des Farbwechsels erfolgt vor allem durch Umlagerung eines schwarzen Farbstoffes, des Melanins innerhalb bestimmter Zellen, der Melanophoren. In den oberen Hautschichten der Chamäleons liegen verschieden gefärbte Pigmentzellen. Dabei gibt es sowohl mit Farbstoffen gefüllte Zellen, die vor allem für rote (Erythrophoren) und gelbe (Xanthophoren) Farbelemente verantwortlich sind, als auch mit an sich farblosen Guaninkristallen angefüllte, Guanophoren, die durch unterschiedliche Lichtbrechungseffekte so genannte Strukturfarben, in diesem Fall vor allem Blau und Grüntöne erzeugen. Dies ist ein Effekt,

Der Farbwechsel wird durch Verschiebung ...

... der Pigmentanteile hervorgerufen

wie er beim schillernden Gefieder von Kolibris und Pfauen auftritt, wo ein eigentlich dunkler Farbstoff (erneut Melanin) durch spezielle Lichtbrechungen ein ganzes Farbenspektrum erzeugt (DURRER 1965).

Bei Chamäleons strecken die tief liegenden dunklen Melanophoren Ausläufer bis weit in die anderen farbgebenden Zellschichten hinein. Durch kontrollierte Kontraktion der Melanophoren wird schwarzer Farbstoff in diese Zellausläufer mal mehr, mal weniger weit hinein gepresst und dadurch die Farbwirkung der Chromatophoren gezielt beeinflusst. Auch die anderen Farbzellen können sich in gewissem Maße ausdehnen oder zusammenziehen und sich somit aktiv am Farbwechsel beteiligen.

Der ganze Vorgang ist übrigens in der Reptilienwelt weit verbreitet und keineswegs eine Spezialität der Chamäleons. Der Rotkehlanolis (*Anolis carolinensis*) wird in seiner nordamerikanischen Heimat wegen dieser Fähigkeit sogar fälschlich als „Chamäleon" bezeichnet und ebenso ergeht es der farbwechselnden Blutsaugeragame (*Calotes versicolor*) in Südasien. Auch viele Fische und Wirbellose sind zu ganz erstaunlichen Farbwechseln fähig und meist wird auch bei diesen Tieren der Prozess letztlich über Verformung von Melanophoren oder anderen Farbzellen gesteuert.

Jemen- und Pantherchamäleons im Terrarium

Mit den Chamäleons haben wir eine Gruppe hochspezialisierter Echsen vor uns, deren Ansprüche an Klima, Unterbringung und Futter auch von Art zu Art teilweise erheblich voneinander abweichen können. In diesem Buch beschränken wir uns jedoch auf Informationen zur Haltung zweier großwüchsiger, relativ robuster Arten. Da ist es nicht verwunderlich, dass viele Ansprüche bei beiden Spezies sehr ähnlich oder identisch sind. Darum wird sich der generelle Teil dieses Buches zuerst mit grundlegenden Aspekten der Unterbringung, Ernährung und Gesunderhaltung der Tiere befassen, bevor im speziellen Teil die beiden Arten ausführlich im Detail vorgestellt werden.

Allgemeine Überlegungen zur Unterbringung

Sowohl Jemenchamäleons als auch Pantherchamäleons sind anpassungsfähige Arten, die auch in der Natur eine Vielzahl, zum Teil recht unterschiedliche Lebensräume besiedeln. Diese, innerhalb der Chamäleonfamilie eher seltene Flexibilität, erleichtert die Haltung im

Kinyongia xenorhina

Fischers Chamäleon (*Kinyongia fischeri*)

Terrarium ganz entscheidend. Anders als bei den meisten Chamäleonarten steht dem Pfleger bezüglich Luftfeuchtigkeit und Tag und Nachttemperatur, bei der Haltung dieser beiden Arten ein verhältnismäßig breiter Spielraum zur Verfügung und selbst vorübergehende stärkere Abweichungen vom optimalen Bereich werden in der Regel gut überstanden. Aber auch für die beiden, in diesem Buch besprochenen Chamäleonarten gilt, dass sie trotz ihrer relativen Robustheit einige Ansprüche an den Pfleger stellen, bei denen auch geringfügige und kurzzeitige Abweichungen von den empfehlenswerten Werten gravierende und dauerhafte Schäden bei den Tieren bewirken können.

Die penible Kontrolle dieser wenigen und überschaubaren Parameter stellt den Schlüssel jahrelanger Haltung gesunder Jemen- und Pantherchamäleons dar und fast alle Probleme bei der Haltung dieser Arten lassen sich letztlich auf Fehler beim Aufrechterhalten dieser Einflussgrößen zurückführen. Ein Ziel dieses Buches ist, dem Leser vor Augen zu führen, worauf er bei der Haltung der besprochenen Chamäleons besonders zu achten hat und welche Voraussetzungen am wahrscheinlichsten zum gewünschten Haltungserfolg führen. Im Kapitel Ernährung wird ein

Helmchamäleon (*Chamaeleo hoehnelii*)

Warzenchamäleon (*Furcifer verrucosus*)

Riesenchamäleon (*Furcifer oustaleti*)

ganz wesentlicher Aspekt dieser Themen abgehandelt, aber bereits bei der Terrarieneinrichtung sind einige grundlegende Punkte besonders zu beachten:

So ist etwa einer der wichtigsten Parameter die Belüftung der Chamäleonbehausungen. Viele Chamäleons, insbesondere die hier nicht besprochenen Hochlandarten (z. B. *Kinyongia fischeri*, *K. xenorhina*, *Chamaeleo hoehnelii*, *C. jacksonii*, *C. montium*, *C. quadricornis*), sind sehr anfällig gegen Stickluft und neigen bei mangelhaftem Luftaustausch zu Atemwegsinfekten. Diese werden leider häufig zu spät bemerkt und enden dann in der Regel tödlich. Jemen- und Pantherchamäleons sind diesbezüglich glücklicherweise weitaus unempfindlicher als die meisten ihrer Verwandten. Für guten Luftaustausch muss aber auch in ihren Terrarien gesorgt werden. Dabei ist darauf zu achten, dass keinesfalls Zugluft entsteht, die ihrerseits wieder Erkältungen begünstigen würde. Vielmehr sollte ein langsamer und gleichmäßiger Luftaustausch angestrebt werden, der keine abrupten Temperaturunterschiede im Terrarium erzeugt. Bei der Darstellung der verschiedenen Terrarientypen werden wir im Einzelnen noch darauf eingehen, wie diese Verhältnisse am sinnvollsten erreicht werden.

Ein zweiter, ebenso wichtiger Punkt ist die sichere Anbringung aller Wärmequellen außerhalb der Reichweite der Chamäleons. Das mag trivial klingen, doch sind Chamäleons Meister im Aufsuchen auch unzugänglich erscheinender Plätze und „wärmen“ sich dort, sofern sie die Möglichkeit haben, bis zur völligen Verbrennung großer Teile der Hautoberfläche. Bei der Haltung in einem geschlossenen Terrarium sollten daher sämtliche Lampen und andere Wärmequellen unbedingt mit ausreichendem Sicherheitsabstand außerhalb des Terrariums angebracht werden. Bei freier Zimmerhaltung ist die sichere Anbringung der Technik ein besonders wichtiger Aspekt, auf den im entsprechenden Abschnitt noch einmal eingegangen wird.

Zimmerterrarium für *Furcifer pardalis* (oben) und für Jemenchamäleons (unten)

gend zu vermeiden. Ausnahmen gelten wegen der optimalen Luftzirkulation lediglich für freie Zimmerhaltung und Gazeterrarien. Am sichersten fühlen sich Chamäleons, wenn ihr Behälter in Augenhöhe des Betrachters oder darüber positioniert ist. Ein Standort auf dem Boden bedeutet gefährlichen Dauerstress für die Tiere, da jeder Betrachter von

Im Folgenden kommen wir zur detaillierten Darstellung der Gestaltung einer artgerechten Unterbringung unserer Chamäleons. Während auf die jeweilig erforderlichen Terrariengrößen spezifisch im Artenteil eingegangen wird, gelten doch für die meisten Parameter einer optimalen Behausung beider Arten dieselben Kriterien.

Standort der Chamäleonbehausung

Unsere Chamäleons sind Sonnenanbeter und man kann ihnen im Terrarium kaum genug Helligkeit bieten. Entsprechend hell sollte möglichst der Standort des Terrarium gewählt werden. Dabei ist aber unbedingt zu beachten, dass vor allem weitgehend geschlossene Terrarien sich schon bei kurzzeitiger direkter Sonneneinstrahlung rasch auf für Chamäleons gefährliche Temperaturen erwärmen. Besonders schnell geschieht das in kleinen Aufzuchtbehältern. Darum ist direkte Sonneneinstrahlung drin-

Ausschnitt aus der Koberschen Terrarienanlage

silikonverklebtem Glas gefertigt. Mindestens ebenso zweckmäßig, aber stabiler und in der Anschaffung weitaus preiswerter sind selbstgebaute Behälter aus beschichteten Spanplatten, Tischlerplatten, Kunststoffplatten oder anderem Material, bei denen lediglich die Front in Glas gehalten wird. Durch die massiven Seitenwände ist bei solchen Becken gleichzeitig ein ausreichender Sichtschutz gegen eventuell benachbart aufgestellte Terrarien mit weiteren Chamäleons gewährleistet. Ausreichende Belüftung ist für die Chamäleoneignung solcher Behälter entscheidend.

Am besten ist es, wenn der Deckel des Chamäleonterrariums komplett mit Drahtgaze bespannt und zusätzlich eine größere Fläche im unteren Terrarienbereich, zum Beispiel ein Schlitz unterhalb der Frontscheibe, ebenso als Lüftungsöffnung gestaltet ist. Auf diese Weise zieht die durch die Beleuchtung erwärmte und daher nach oben entweichende Luft im Terrarium durch die untere Belüftungsöffnung Frischluft nach, die sich sogleich – ebenfalls durch die Beleuchtung – erwärmt. So ist eine milde, aber dauerhafte Luftzirkulation gewährleistet.

Es sei nicht verschwiegen, dass dieser Behältertyp in den USA für die Chamäleonhaltung weitgehend ungeeignet angesehen wird. Begründet wird dies zum einen mit den begrenzten Lüftungsflächen, vor allem aber mit der Tatsache, dass Chamäleons unter Umständen ihr Spiegelbild in den Terrarienscheiben als Rivalen ansehen und dadurch dauerhaft gestresst werden. Nach eigenen Erfahrungen können aber gerade Chamäleons der hier angesprochenen Arten sehr rasch lernen, diese

oben, also aus Beutegreiferposition, auf den Behälter zukommt. Ähnliches gilt für Aufstellung in permanentem Sichtkontakt zu anderen Chamäleons. Dagegen können sich in erhöht platzierten, mit Seitensichtschutz versehenen Behältern untergebrachte Chamäleons beider Arten durchaus erfreulich problemlos an einen belebten Wohnraum gewöhnen, so lange sie in ihren Behausungen Deckung finden und nicht gezielt gestört werden.

Kräftige Nachtabkühlung im Terrarienraum schadet beiden Chamäleonarten nicht, sondern fördert sogar ihr Wohlbefinden. Lediglich, wenn die Nachttemperaturen regelmäßig deutlich unter 15 °C fallen, sollte eine moderate thermostatgesteuerte Nachtbeheizung vorgenommen werden.

Terrarientypen

Das Standardterrarium

Dieser Behältertyp ist die in Europa am weitesten verbreitete Unterbringungsart für Jemen- und Pantherchamäleons. Die käuflichen Modelle sind in der Regel mit einer oder zwei Frontschiebescheiben versehen und meist ganz aus

Gazeterrarien erlauben den gefahrlosen Aufenthalt in ungefiltertem Sonnenlicht

Der Gazebehälter

Aus den gerade genannten Gründen ist diese Unterbringungsart die in den USA am weitesten verbreitete Variante bei der Chamäleonhaltung. Entsprechend ist dort eine Vielzahl von Gazeterrarien unterschiedlichster Größe und Bauart kommerziell erhältlich. In Europa hat dieser Terrarientyp dagegen bisher wenig Verbreitung gefunden und das Angebot des Zoohandels ist diesbezüglich noch dürftig. Doch dürfte sich dies in nächster Zeit ändern. Immerhin sind mehrere Typen von Gazeterrarien verschiedener Größen auch in Deutschland erhältlich. Gazebehälter kann man auch ohne großen Aufwand selbst bauen. Im Prinzip ist ein Gazeterrarium nichts weiter als ein mit Gaze geeigneter Qualität bespannter Holz-, Metall- oder Kunststoffrahmen, dessen Inneres entweder über eine Tür oder auch über einen simplen Reißverschluss zugänglich ist. Die Gaze darf nicht zu grobmaschig sein, um ein Entweichen von Futtertieren zu verhindern. Lediglich, wenn der Behälter ausschließlich für Freilandaufenthalte genutzt wird, darf die Maschenweite größer ausfallen, damit Fliegen und anderen Insekten, die das Futter des Insassen bereichern können, der Zugang nicht versperrt wird.

Die Gaze muss den Fraßversuchen von Futtertieren widerstehen, rostfest sein, die Strahlungswärme der Beleuchtungseinrichtung aushalten und möglichst lichtdurchlässig sein. Die käuflichen Behälter sind meist mit einer hitzebeständigen schwarzen Kunststoffgaze ausge-

Spiegelungen zu ignorieren und die bereits beschriebenen Lüftungsvorrichtungen haben sich für eben diese Arten auch auf Dauer als durchaus ausreichend erwiesen. Zudem ist es in einem solchen Behälter einfacher, eine erhöhte Luftfeuchtigkeit aufrechtzuerhalten, die den Chamäleons zugute kommt, und die von der Beleuchtung erzeugte Wärme entweicht nicht ungehemmt aus dem Terrarium. Trotzdem sind die potenziell Stress erzeugenden Spiegelungen in den Terrarienscheiben zumindest ein weiteres Argument dafür, die oben angeführten Becken mit lediglich einer Glasseite gegenüber Ganzglasbecken zu bevorzugen.

Bislang gibt es keine Berichte über Erfahrungen mit Terrarienscheiben aus entspiegeltem Glas. Wer die Möglichkeit hat, seine Terrarienscheiben aus diesem Material zu gestalten, sollte dennoch zugreifen, da eine Entspiegelung der Glasscheiben einer Reduktion der Stressbelastung durch den Anblick des eigenen Spiegelbildes in jedem Fall dienlich sein sollte.

Chamäleons genießen den Aufenthalt unter freiem Himmel

Gazebehälter ermöglichen maximale Belüftung, bieten dem Insassen einen gewissen Sichtschutz und sind allseitig für UV-Strahlen durchlässig. Diesen Vorteilen gegenüber stehen die Probleme beim Halten einer, gegenüber der Raumluft erhöhten Luftfeuchtigkeit und Temperatur sowie die erschwerte Sicht in den Behälter. Vor allem aus diesen Gründen werden Gazebehälter hierzulande vor allem als vorübergehende mobile Aufenthaltsorte für Chamäleons genutzt, in denen man den Tieren in der warmen Jahreszeit einen gefahrlosen und sehr gesundheitsfördernden zeitweisen Aufenthalt im Freien und somit den Zugang zu ungefiltertem Sonnenlicht ermöglichen kann. Allein daher empfiehlt es sich, für alle Chamäleonhalter mit Zugang zu Balkon oder Garten, neben der dauerhaften Unterkunft seiner Chamäleons zugleich immer einen Gazebehälter pro Tier zur Verfügung zu haben. Aber

stattet. Da diese Qualität aber kaum separat erhältlich ist, empfiehlt es sich für den Eigenbau auf Aluminiumgaze zurückzugreifen. Wegen der vielfältigen Vorteile solcher Behälter soll hier noch ganz kurz eine besonders simple Methode zum Bau von Gazeterrarien vorgestellt werden: Man erwerbe einen der preiswert erhältlichen zerlegbaren Kunststoffkleiderschränke und schneide lediglich aus dem Plastiküberzug große Bereiche heraus. In die entstandenen Fenster näht man nun noch Gaze und schon hat man ein sehr geräumiges, dabei stabiles und leichtes, zerlegbares Gazeterrarium.

auch für all die Chamäleonarten, die besondere Ansprüche an Belüftung und Keimarmut stellen, werden diese Behälter vielfältig eingesetzt.

Bei der Aufstellung von Gazeterrarien in Innenräumen ist es ratsam, den Behälter in eine wasserdichte Wanne passender Größe zu stellen, um ein Auslaufen von Tränk und Gießwasser zu verhindern. Auch muss man bei der Aufstellung eines solchen Behälters besonders gut auf das Raumklima achten, da dieses die Verhältnisse innerhalb solch eines luftigen Terrariums entscheidend mit beeinflusst.

Die freie Zimmerhaltung

Vor allem wegen ihrer großen Toleranz gegenüber niedrigeren Temperaturen und niedriger Luftfeuchte, eignen sich gerade Jemenchamäleons besonders gut für eine solche Haltung. Freie Zimmerhaltung stellt aber dennoch erhöhte Anforderungen an den Pfleger, vor allem bezüglich Tränken, Füttern und Sicherung gegen Entkommen oder Verletzen. Dafür ermöglicht sie den Chamäleons aber eine erheblich gesteigerte Lebensqualität. Auch in einem normal großen Zimmer kann man leicht Verhältnisse schaffen, die den Tieren ein Wandern über mehrere Meter ermöglichen. Auf diese Art – und oft nur auf diese Art – ist es sogar manchmal möglich, ein Pärchen Jemenchamäleons dauerhaft zusammen zu halten.

Kernstück der Zimmerhaltung ist in der Regel eine größere Zimmerpflanze. Dazu eignet sich ein größerer *Ficus*, ein Zitrusgewächs oder aber eine Rankpflanze mit langen Ausläufern, die um einen Stamm oder eine ähnliche Rankhilfe herum drapiert ist. Selbstverständlich darf die Pflanze nicht giftig sein. Der Milchsaft von Araceen wie Efeutute oder *Philodendron*, aber auch von *Ficus*-Arten hat sich für Chamäleons als harmlos herausgestellt. In den wenigsten Fällen wird solch eine Pflanze ausreichend horizontale Äste mit den zum sicheren Klettern notwendigen Dicken aufweisen. Daher muss man auf jeden Fall, zusätzliche verzweigte Äste variabler Dicke und vornehmlich horizontaler Orientierung auf verschiedener Höhe in der Pflanze befestigen. Besonders einfach geht das wiederum an einer anbohr- und schraubbaren Kletterhilfe für ein Rankgewächs. Auch kann man

Eine freie Zimmerhaltung ist bei beiden vorgestellten Arten möglich

Teil einer Zimmerpflanze, die von frei in einem Terrarienraum lebenden Jemenchamäleons bewohnt wird

Spotstrahler und Tränke im oberen Bereich

Beispiel für freie Zimmerhaltung von Chamäleons in einem abgeschlossenen Terrarienraum

durch das Aufhängen größerer Ranken solcher Gewächse an der Zimmerdecke, sehr schön meterlange Klettermöglichkeiten für die Bewohner schaffen. Da fast alle Chamäleons zur Kotabgabe einen festen Platz aufsuchen, können solche Ranken durchaus ohne große Gefahr für darunter befindliche Gegenstände in sicherer Höhe den gesamten Raum durchziehen und z. B. dem Chamäleon auch einen Zugang zum Fenster ermöglichen.

Jegliche Beleuchtung wird am besten für das Chamäleon unzugänglich von der Decke hängend angebracht. Der Fußboden unter dem Chamäleonlebensraum muss wasserfest gestaltet sein, um durch das unabdingbare tägliche Besprühen der Anlage mit Wasser bzw. Tränken mittels Pipette nicht zu leiden und ein effektives Entfernen von Exkrementen und Futterresten zu ermöglichen.

Um ein Entweichen weitgehend zu verhindern, sollte man die jeweilige Pflanze auf ein Podest stellen und derart ausrichten, dass kein Ast tiefer als etwa ein Meter über dem Boden endet. Zusätzlich sollte das Podest noch in 50–100 cm Abstand von einer senkrechten, mindestens 30 cm hohen glatten Barriere aus Plexiglas, beschichteter Spanplatte oder Ähnlichem umgeben sein. Eine Alternative ist die Haltung der Tiere auf mehreren, durch Kletteräste miteinander verbundenen Ampelpflanzen, die ohne jeglichen Bodenkontakt, von der Decke hängend angebracht wurden. Trotz aller Vorsichtsmaßnahmen wird es ab und zu einem Chamäleon gelingen, den ihm zugewiesenen Zimmerteil zu verlassen. Daher sollten Türen und Fenster eines solchen Raumes in Abwesenheit des Pflegers stets geschlossen sein und potenzielle Gefahrenquellen wie heiße Oberflächen, Käfige mit größeren Vögeln, offene Wassergefäße und dergleichen entfernt werden. Auch muss man beim Betreten des geschlossenen Raumes darauf achten, kein eventuell entkommenes Tier zu zerquetschen oder zu zertreten.

Im Gegensatz zu den meisten anderen Echsen findet man entkommene Chamäleons im Zimmer aber in der Regel leicht wieder, da sie fast

Bei der Installation von Licht- und Wärmequellen müssen die Kabel so angebracht werden, dass die Tiere nicht zur Leuchtquelle gelangen können

immer erhöhte Plätze in Fensternähe aufsuchen. Nicht unproblematisch ist bei der freien Haltung allerdings die Fütterung, die entweder einzeln per Pinzette oder in einem separaten Fütterungsterrarium erfolgen muss.

Terrarientechnik

Beleuchtung und Heizung

Jemen- und Pantherchamäleons sind Sonnenanbeter, denen man im Zimmerterrarium gar nicht genug Licht bieten kann. Dabei darf man sich aber nicht auf den optischen Eindruck verlassen. Das menschliche Auge adaptiert sich rasch an ungünstige Lichtverhältnisse und betont Kontraste. So mag ein Behälter in einem dunklen Raum bereits hell erleuchtet erscheinen, wenn die absoluten Helligkeitswerte noch extrem niedrig sind. Bei der Beleuchtung der Chamäleonterrarien darf man auf keinen Fall sparen und sollte nur hochwertige Lichtquellen mit hoher Lichtausbeute verwenden. Dabei ist es am besten, ausreichend Lichtquellen einzusetzen, deren Wärmeentwicklung stark genug ist, um bereits gleichzeitig die gewünschten Temperaturen im Behälter zu erzielen. Das ist nicht nur die naturnaheste Art der Beheizung, sondern sie birgt auch die geringsten Verbrennungsrisiken für die Tiere. Um eine gleichmäßige Grundausleuchtung des Terrariums zu erzielen, sind Leuchtstoffröhren oder Energiesparlampen durchaus geeignet und sinnvoll einsetzbar. Bei Leuchtstoffröhren eignen sich vor allem die sogenannten T5 HO Lampen für terraristische Zwecke. Diese Lampen haben im Vergleich zu anderen Leuchtstoffröhren zwar nicht die höchste Lichtausbeute pro Watt, jedoch die höchste Leuchtdichte. In der Praxis bedeutet dies, dass eine 1 cm T5 HO Röhre 30–40 % mehr Licht ins Terrarium bringt als eine 1 cm T8 Röhre. Zudem hat dieser Röhrentyp seine beste Lichtausbeute bei höheren Temperaturen als dies bei den klassischen T8 Röhren der Fall ist und ist somit im warmen Umfeld einer Terrarienabdeckung zusätzlich effektiver als jene. Wegen des im Vergleich zu T8 (22 mm) geringeren Röhrendurchmessers von 16 mm kommt es bei der Verwendung von Reflektoren auch zu weniger Verlusten durch Eigenabschattungen und das Licht kann effektiver ins Terrarium geleitet werden.

Die sonnenlichtähnlichsten Spektren haben Röhren, die mit Lichtfarben zwischen 4.000 und 5.000 K gekennzeichnet sind. Besonders hervorzuheben sind dabei die als Biolight® im Handel vertriebenen Röhren der Firma Narva. Als Hauptlichtquelle und Sonnenplatz sollte aber neben der Beleuchtung durch Energiesparlampen oder Leuchtstoffröhren zumindest ein wattstarker Strahler für jedes erwachsene Tier zur Verfügung stehen. Für Terrarien, die größere Tiere beherbergen, eignen sich dabei stär-

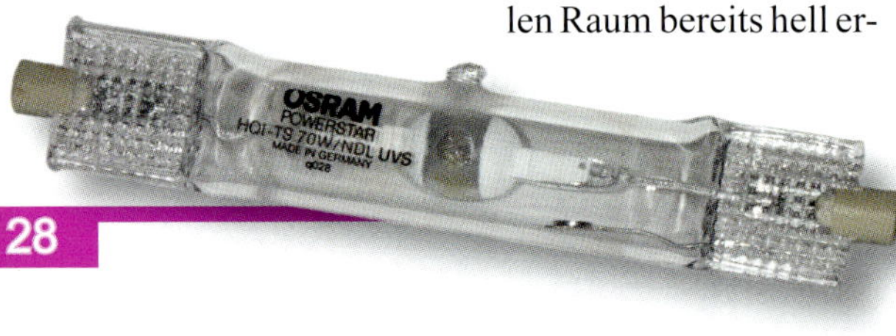

HQI-Tageslicht-Brenner sind als Lichtquelle geeignet

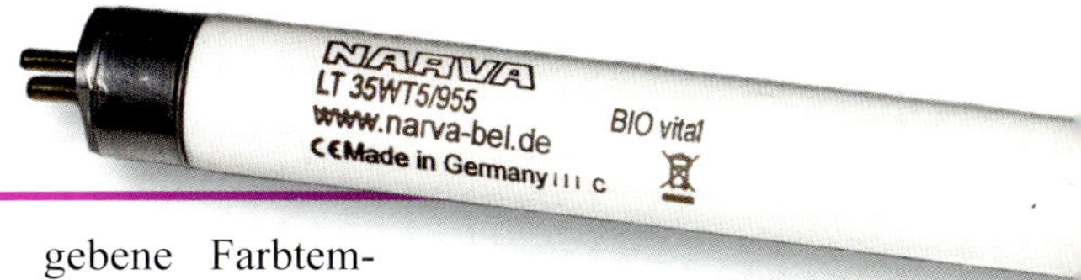

kere Halogenstrahler, aber vor allem Metallentladungsdampflampen, wie Quecksilberdampflampen (HQL) oder Joddampflampen (HQI). Natriumdampflampen eignen sich nicht, obwohl sie die höchste Lichtausbeute aller genannten Lichtquellen aufweisen. Ihr Licht beruht auf einem sehr reduzierten rot-lastigen Spektrum, das der Sehphysiologie von Chamäleons absolut nicht gerecht wird. Die hervorragend geeigneten Halogen-Metalldampflampen, oft einem Handelsnamen der Firma Osram folgend generell HQI-Lampen genannt, sind leider in der Anschaffung immer noch sehr teuer. Der Erwerb lohnt sich aber durch die hohe Lichtausbeute und lange Lebensdauer letztlich doch. Für Terrarien mit erwachsenen Jemen- oder Pantherchamäleons sollte man bei HQI-Strahlern auf jeden Fall mindestens zur 70-, besser zur 150-Watt-Version greifen. Brenner mit Keramikkolben (HCI, CDM-T u. a.) haben noch einmal eine höhere Lichtausbeute und bleiben bezüglich Lichtfarbe und Intensität länger konstant als die klassischen Brenner mit Quarzglaskolben. Elektronische Vorschaltgeräte sind ebenfalls eine sinnvolle Anschaffung. Sie helfen, Energie zu sparen, verlängern die Lebensdauer der Brenner und erhöhen die sonst dem Wechselstrom der Steckdose folgende Flimmerfrequenz auf ein für die Tiere garantiert flimmerfrei erscheinendes Niveau. Bei Brennern ist ebenso wie bei Leuchtstoffröhren auf die in Kelvin (K) angegebene Farbtemperatur zu achten. Für terraristische Zwecke eignen sich vor allem die Typen mit einer Farbtemperatur um 4200 K (Typbezeichnung z. B. NDL/942) sowie Brenner mit rund 5.000–5.500 K (z. B. Typ D), die beide sehr tageslichtähnlich wirkendes Licht abgeben. Die in der Meerwasseraquaristik eingesetzten Brenner mit Farbtemperaturen um 10.000 K geben ein sehr blaues Licht ab, das im Terrarium stark farbverfälschend wirkt.

Für Aufzuchtterrarien, die wegen der Wärmeempfindlichkeit der jungen Chamäleons auf keinen Fall zu warm gehalten werden dürfen, eignen sich vor allem die 35-W-HQI (HCI, CDM-R u. a.)-Strahler oder aber auch Niedervolt-Halogenspots als Besonnungsmöglichkeiten.

Neben der Lichtintensität im sichtbaren Bereich des Spektrums spielt die Intensität gewisser Wellenlängen im UV-Bereich bei der Gesunderhaltung von Chamäleons eine weitere wichtige Rolle.

So genanntes UV-A-Licht des Wellenlängebereiches von ca. 320–400 nm wird immer wieder mit der effizienten Ausbildung von Hautpigmenten in Verbindung gebracht. Genaue Untersuchungen dazu fehlen aber und alle üblicherweise in der Terraristik verwendeten Leuchtmittel geben in der Regel ausreichend UV-A ab, um, befriedigende Lichtintensität vorausgesetzt, farbenprächtige Nachzuchten heranwachsen zu lassen. Das kürzer wellige UV-B-Licht (ca. 280–320 nm Wellenlänge) ist an einem wichtigen in der Haut stattfindenden Schritt der körpereigenen Vitamin-D-Synthese beteiligt. Wirksam sind dabei vor allem Wellenlängen eng um 300 nm (Mac Laughlin et al. 1982). Lichtquellen, die Licht oberhalb 305 nm

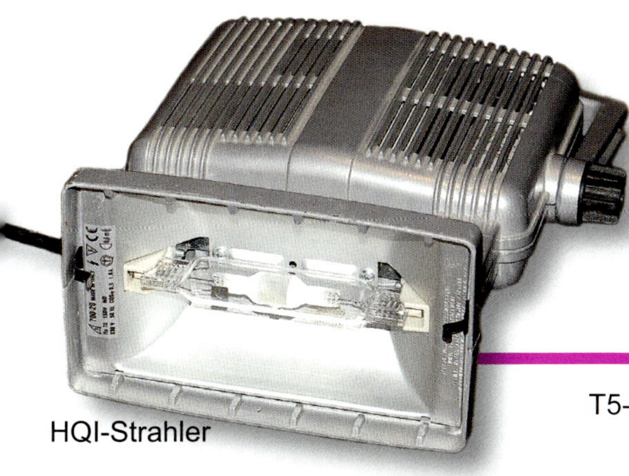
HQI-Strahler

T5-Leuchtstoffröhren

UV-Strahler

Wellenlänge abgeben, sind für die Vitamin-D-Produktion nicht relevant. Vitamin D ist ein für die gesunde Knochenbildung sehr wichtiges Vitamin und Mangelsituationen sind sowohl für wachsende Jungtiere, als auch für Erwachsene, die darauf mit Abbau ihrer Knochenmasse reagieren, lebensbedrohend. Zwar kann man Vitamin D auch als Nahrungsergänzungsmittel zufüttern, doch sind Überdosierungen für die Tiere ebenso gefährlich, wie Mangelsituationen (siehe Kapitel Vitamine und Mineralstoffe). Daher sollte man mit der Dosierung äußerst vorsichtig verfahren und den Chamäleons über geeignete UV-B-Leuchtquellen eine ausreichende oder zumindest ausgleichende Eigensynthese dieses Vitamins erlauben.

Die Wirkleistung im UV-B-Bereich ist bei den meisten im Handel als UV-B-Quellen angebotenen Leuchtstoffröhren und Energiesparlampen verhältnismäßig gering und lässt zudem über die Lebensdauer dieser Lampen viel rascher nach als die allgemeine Lichtausbeute.

Da die Wirkleistung außerdem proportional zum Quadrat der Entfernung abnimmt, sollte man solche UV-B-Quellen in jedem Fall im Abstand von nur wenigen Zentimetern von den Sonnenplätzen der Tiere anbringen und wegen des raschen Nachlassens der UV-B-Leistung spätestens halbjährlich austauschen. Konstanter und intensiver in der UV-B-Emission ist beispielsweise die 300 W Osram Ultra-Vitalux®, die ursprünglich als Heimsolarienleuchte vertrieben wurde. Ähnliches gilt für einige erst seit wenigen Jahren speziell im Terraristikbedarf erhältliche, wattschwächere Leuchtmittel, die auf derselben Technologie beruhen. Dazu zählen beispielsweise die Active® UV-Heat oder die Powersun®-UV. Alle diese Lampen weisen neben dem UV-Anteil einen großen Anteil an sichtbarem Licht auf und strahlen sehr hell. Die relativ große Lichtfülle kann sich daher zusätzlich zum UV-B-Anteil stimulierend auf die bestrahlten Tiere auswirken, was sich besonders bei Tieren bemerkbar macht, die sonst ausschließlich unter Glühlampen, Halogen oder Leuchtstoffröhrenlicht gehalten werden. Während man beispielsweise eine Active® UV-Heat durchaus ganztägig brennen lassen kann, sollte eine Osram Ultra-Vitalux® nur zeitlich begrenzt, aus mindestens 60 cm Abstand und nur senkrecht von oben eingesetzt werden. Bei Bestrahlung von der Seite drohen Augenschäden und bei längerer Anwendung in mäßig großen Terrarien droht Überhitzung. Brennzeiten unter zehn Minuten, die oft empfohlen werden, sind jedoch wenig sinnvoll, da diese Lampen ihre volle Leuchtleistung im UV-Bereich erst nach längerer Vorlaufzeit erreichen.

Seit kurzem sind unter dem Handelsnamen Bright Sun®-UV auch Halogen-Metalldampflampen mit optimiertem UV-B-Anteil erhältlich. Diese Lampen kombinieren die UV-B-Bestrahlung mit besonders hoher Lichtintensität. Sie dienen daher gleichermaßen als Sonnenspot wie als UV-B-Lichtquelle. Die Erfahrungen bezüglich der Eignung dieser Lichtquelle für beide Aspekte, die seit dem Erscheinen auf dem Markt gesammelt werden konnten, sind durchweg gut, wenngleich es bei frühen Chargen wiederholt zu Problemen mit der technischen Qualität oder Lebensdauer kam. Die Beleuchtungsdauer im Chamäleonterrarium sollte dem Jahresrhythmus folgend variiert werden, was bedeutet, 14–16 Stunden im Sommer werden auf 10–11 Stunden im Winter reduziert. Am besten erfolgt die Schaltung der Beleuchtung über eine Zeitschaltuhr, die einen regelmäßigen Tagesablauf garantiert. Ideal wäre ein langsames

Dunkelstrahler

Auf- bzw. Abdimmen der Beleuchtung, um Dämmerungsphasen zu simulieren, aber entsprechende Vorrichtungen sind teuer und gerade für HQI-Lampen kaum anwendbar. Ein zeitversetztes Ausschalten der Spotstrahler und Leuchtstoffröhren lässt sich aber über eine zweite Zeitschaltuhr leicht realisieren und gibt den Tieren vor allem abends Zeit, bei reduzierter Beleuchtung noch ihre Ruheplätze aufzusuchen.

Wie schon gesagt, sollte die Beleuchtung im Idealfall genügen, um die gewünschten Temperaturen im Terrarium zu gewährleisten. Um den Chamäleons eine naturgemäße Thermoregulation zu ermöglichen, sollten im Terrarium dabei nach Möglichkeit Temperaturzonen entstehen, die von gerade noch ohne Verbrennungsgefahr einhergehenden Werten von rund 45 °C bis hinab zu fast Zimmertemperatur reichen. Am großräumigsten sollten tagsüber Temperaturzonen von 26–30 °C zur Verfügung stehen. Bei geschickter Anbringung der Strahlungsquellen ist das leicht zu bewerkstelligen. Nachts dürfen die Temperaturen überall auf 15–20 °C absinken. Nur sehr große Terrarien oder Terrarien in kalten Räumen benötigen neben der Beleuchtung zusätzliche Wärmequellen. Am sichersten sind dabei in oder hinter den Rück- und Seitenwänden verlaufende Heizkabel, Heizmatten oder auch – bei Großbecken – an die Zentralheizung angeschlossene Heizrohre. So genannte Infrarot-Dunkelstrahler (Elstein®) eignen sich weniger, da sie in ihrem Strahlungskegel die Luft stark austrocknen, was Atemwegsinfektionen bei Chamäleons begünstigt.

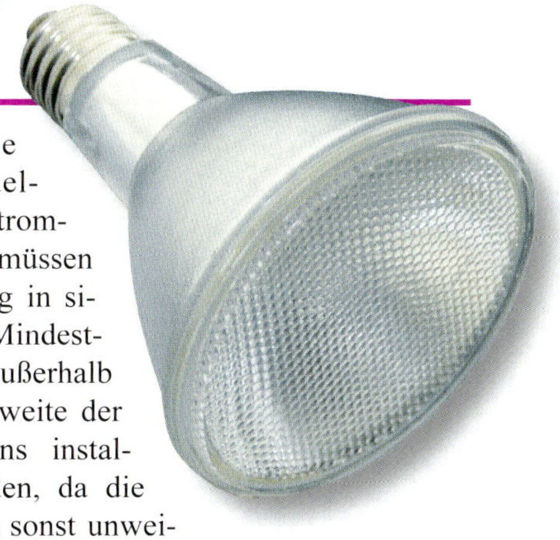

Sämtliche Wärmequellen und Stromkabel müssen zuverlässig in sicherem Mindestabstand, außerhalb der Reichweite der Chamäleons installiert werden, da die Tiere sich sonst unweigerlich daran verbrennen. Chamäleons versuchen mit Ausdauer so nahe wie möglich an Wärmequellen heranzukommen und sind dabei erstaunlich erfolgreich. Gleichzeitig haben sie aber offensichtlich kein Gefühl dafür, wann eine Wärmequelle zu heiß ist. Großflächige Verbrennungen gehören daher zu den häufigsten Unfallereignissen bei Chamäleons. Für geschlossene Terrarien heißt das daher, dass sämtliche Lampen und andere Wärmequellen außerhalb des Terrariums installiert werden müssen. Für freilaufende Chamäleons müssen Lampen entweder großräumig mit Drahtnetzen umgeben, wärmeisolierend verkleidet oder am besten unerreichbar für das Tier an der Decke aufgehängt werden. Die Entfernung zwischen Lampe und nächstgelegenem Sonnenplatz sollte derart bemessen sein, dass dort auch nach

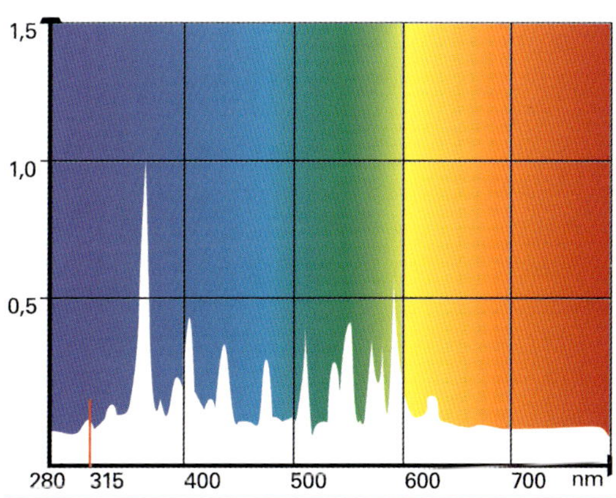

Spektrum der Bright Sun®-UV, einer Halogen-Metalldampflampe

Sprühanlagen dienen zur Erhaltung der Luftfeuchtigkeit

längerer Brenndauer Temperaturen von 45 °C nicht überschritten werden.

Bewässerung und Tränken

Zur ausreichenden Wasserversorgung von Chamäleons ist das ein bis mehrmals tägliche Besprühen des Terrariums nahezu unerlässlich. Dazu ist es völlig ausreichend, mit einer dafür reservierten Blumenspritze oder Ähnlichem die Terrarieneinrichtung kräftig abzusprühen. Für jeden Tag, an dem der Pfleger abwesend ist und natürlich ganz besonders für längere Urlaube muss eine Vertretung gefunden werden, die diese Aufgabe zuverlässig übernimmt. Automatische Sprühanlagen sind daher eine große Hilfe. In letzter Zeit sind solche Anlagen im Preis stark gesunken, so dass sich die Anschaffung unter Umständen bereits für ein Einzeltier lohnen kann. Die meisten Anlagen arbeiten mit einem Vorratstank, aus dem über ein Schlauchsystem Wasser zu verschiedenen im Terrarium installierten Düsen gepumpt wird. Um ein Zusetzen der Düsen durch Verkalken zu verhindern, dürfen die meisten Anlagen nur mit destilliertem oder teilentionisiertem Wasser betrieben werden. Das Trinken von destilliertem Sprühwasser schadet den Chamäleons entgegen einer weit verbreiteten Meinung nicht. Da Mineralsalze und Spurenelemente im Wasser dennoch vermutlich nicht ohne jeglichen Nutzen für die Tiere sind, sollte man bevorzugt eine Sprühanlage wählen, die zumindest optional auch mit Leitungswasser betrieben werden kann. Derzeit sind im Handel zunehmend Beregnungsanlagen mit Düsen erhältlich, die vollständig aus Kunststoff und zum Reinigen leicht zerlegbar sind. Die Erfahrung des Erstautors (I. K.) zeigt, dass sich diese Düsen zum Zerstäuben auch härteren Leitungswassers eignen und erst nach Monaten von Kalkablagerungen gereinigt werden müssen. Die Reinigung mit Essigwasser ist einfach und in wenigen Minuten erledigt.

Als Tränke können auch normale Spritzen verwendet werden (s. nächste Seite)

Da zu hartes Wasser auf Dauer hässliche Kalkablagerungen auf den Terrarienpflanzen bewirkt, sollte nur Wasser mittlerer Härtegrade verwendet werden. In Gegenden mit sehr hartem Wasser (beim Wasserwerk zu erfragen) empfiehlt sich zumindest das Verschneiden mit destilliertem Wasser.

Erst seit kurzem sind Sprühanlagen erhältlich, die nicht mit den meist Espressomaschinen entliehenen 220-V-Pumpen arbeiten, sondern Niedervoltpumpen (meist 24 V) verwenden. Das reduziert das Gefährdungspotenzial für den Benutzer – Wasser und Strom sind immer eine potenziell riskante Kombination. Da diese Pumpen auch erheblich leiser sind, als die 220-V-Pumpen, machen sie die Sprühaktion im Wohnzimmerterrarium zudem nicht mehr zu einer Tiere und Menschen erschreckenden Lärmexplosion.

Im Lieferumfang enthaltene zeitgesteuerte Trafos ermöglichen in der Regel ein oder mehrere Sprühaktionen von mindestens einer Minute Dauer pro Tag. Unbedingt im Auge zu behalten, ist dabei die Menge des versprühten Wassers. Während einige Anlagen noch bei 50 ml pro Minute einen effektiven Wassernebel erzeugen, brauchen andere dazu in Abhängigkeit von der Anzahl der angebrachten Düsen, teilweise mehr als 300 ml pro Minute. Unter Umständen fallen also vor allem bei kleineren Behältern im Verhältnis zur Beckengröße beachtliche Wassermengen an. Wenn der Boden des Terrariums nicht versumpfen und schimmeln soll, muss also nicht nur eine sehr aufnahmefähige Drainageschicht unter dem eigentlichen Bodengrund eingebracht, sondern auch ein Gefälle mit einem Ablauf an der tiefsten Stelle vorgesehen werden. Eine wesentlich weniger aufwändige Alternative besteht darin, dem Trafo ein passendes Zeitrelais mit Anlaufverzögerung nachzuschalten. Entsprechende Relais sind im Elektronikhandel preiswert erhältlich und erlauben eine stufenlose Verzögerung zwischen dem Schalten des Trafos und dem Sprühvorgang. So können Sprühzeiten deutlich unter

Das Tränken von Chamäleons sollte mit weitgehend horizontal gehaltenem Kopf erfolgen, ansonsten kann es vorkommen, dass sie mehr Wasser aufnehmen als nötig

der minimalen Schaltzeit der konventionellen Zeitschaltuhren erreicht werden und man kann leicht die individuelle Einstellung finden, die das Terrarium ausreichend, aber nicht übermäßig bewässert.

Noch einfacher ist es, die Pumpen rekt über eine sekundengenau arbeitende Zeitschaltuhr anzusteigern. Solche Timer waren lange Zeit kaum aufzutreiben, sind aber seit Kurzem in verschiedenen Ausführungen im Terraristikfachhandel erhältlich und erlauben die problemlose Anwendung von Sprühanlagen auch in sehr kleinen Terrarien, da die Dauer der Sprühstöße sekundengenau angepasst werden kann.

Hygiene ist ein wichtiger Punkt beim Betreiben einer Sprühanlage. Verkeimungen des Wassers sind unbedingt zu vermeiden, da sie die Gesundheit der Chamäleons gefährden.

Da Bakterien nur wachsen, wenn sie Nahrung haben, ist das Betreiben mit sauberem Wasser in einem sauberen, gegen Staubeintrag durch einen Deckel geschützten Gefäß bereits eine wirksame Vorsichtsmaßnahme. Die Vorratsbehälter sollten nie einfach mit frischem Wasser aufgefüllt werden, sondern zum Wasserwechsel komplett ausgegossen und gut auswischt werden. Erst dann kann das frische Wasser eingefüllt werden. Steht eine Anlage länger als zwei Tage still, empfiehlt es sich, vor der Wiederinbetriebnahme die Düsen zu reinigen und die ganze Anlage gut mit sauberem Wasser durchzuspülen.

Will man ganz vorsichtig sein, schaltet man dem Wasservorratsbehälter mit einer schwachen Pumpe einen externen UV-C-Klärer aus dem Aquaristikbedarf zu. So bleibt das Sprühwasser auch über längere Zeit garantiert keimarm und es sind lange Standzeiten und große Vorratsvolumina möglich.

Ein Ultraschallvernebler ist im Übrigen in einem Chamäleonterrarium keine Alternative für eine Beregnungsanlage.

Zum einen erzeugen diese Geräte in der Regel keinen zum Tränken ausreichenden Niederschlag, zum anderen kann der feine Nebel beim Einatmen, durch übermäßige Benetzung der Lungenoberfläche, Atemwegsinfektionen begünstigen, zumal die Mikrotröpfchen Staubteile und Bakteriensporen aus der Luft filtern und somit in den Atemwegstrakt einbringen können.

Auch ist es problematisch, diese Geräte auf Dauer sicher vor Verkeimung zu schützen.

Bei direkt im Terrarium angebrachten Minivernebleren ist es bei direktem Kontakt der Tiere schon zu Todesfällen gekommen.

Kinyongia uthmoelleri ist eine montane, heikle Chamäleonart mit hohen Ansprüchen an das Klima

Eine sehr einfache Tränkhilfe stellen Tropftränken (so genannte „Dripper“) dar. Einfache wassergefüllte Plastikgefäße mit einem Auslaufschlauch, dessen Öffnung über eine Klemme regulierbar ist, sind heutzutage schon vielerorts im Zoofachhandel erhältlich oder auch mit einfachen Mitteln selbst gebaut. Die einfachste Variante eines solchen „Drippers“ stellt eine große Plastikdose o. Ä. dar, in die mit feiner Nähnadel an tiefster Stelle ein winziges Loch gebohrt wird, durch das dann das Wasser langsam heraustropft. Das Behältnis stellt man so über dem Terrarium auf, dass das Tropfwasser auf ein exponiertes Blatt oder in ein Wassergefäß tropft. Die meisten Chamäleons lernen rasch, diese Wasserquelle zu nutzen und lecken oder schießen die herabfallenden Tropfen. Auch bei Verwendung eines „Drippers“ muss man die im Bodengrund versickernde Wassermenge in gleicher Weise berücksichtigen, wie beim Einsatz einer Sprühanlage.

Nicht zuletzt sei noch erwähnt, dass man durch eine geeignete Inneneinrichtung des Behälters sehr gut erreichen kann, dass sich an bestimmten Stellen die Wassertröpfchen nach dem Sprühen besonders lang halten und die Effizienz dieser Tränkungsmethode erhöht wird. Vor allem feinfiedrige Pflanzen, wie einige Zierspargel (*Asparagus*) Arten halten Wassertropfen sehr lang. Besonders gute Erfahrungen konnten mit ausgegrabenen Bambusrhizomen samt den daran hängenden fein verästelten Würzelchen gemacht werden. Wer Bambus (vor allem *Phyllostachys*-Arten) im Garten pflegt, wird mit der Tendenz dieser Pflanzen vertraut sein, sich in Windeseile über große Flächen auszubreiten und sich schon oft darüber geärgert haben, dass dem nur durch konsequentes Ausgraben der „wandernden“ Rhizomtriebe beizukommen ist. Als Chamäleonhalter kann man nun durch Verwendung eben dieser Stücke im Terrarium leicht aus der Not eine Tugend machen, denn in den von Erde befreiten fein verästelten Seitenwurzeln der Rhizomtriebe halten sich Wassertropfen besonders lang. Nebenbei sieht so ein Wurzelgeflecht auch noch attraktiv aus, dient als hervorragender Haltegrund für verschiedene Kletterpflanzen und ist sehr lange haltbar.

Viele Jemen- und Pantherchamäleons lernen es nach einiger Zeit, auch stehendes Wasser aufzunehmen. Erleichtert wird der Lernprozess durch das anfängliche Anbringen eines Drippers über der Wasseroberfläche und die Befestigung des Trinknapfes im oberen Terrarienbereich. Manche Exemplare lernen es sogar, aus Nagertränken, die erst nach leichtem Druck auf eine Metallkugel einen Flüssigkeitstropfen freigeben, zu trinken. Viele Exemplare nehmen im Übrigen ohne weiteres Wasser aus Wasserfällen oder Wasserbehältern mit bewegten Oberflächen auf.

In allen Fällen, in denen offene Wasserflächen vorliegen, muss allerdings besonders sorgfältig auf tägliche Reinigung des Behälters und Erneuerung des Wassers geachtet werden, weil die Gefahr der Verunreinigung durch Koteintrag oder Futterreste groß ist.

Da die ausreichende Versorgung mit Flüssigkeit eine besonders wichtige Vorbeugemaßnahme bei der Gesunderhaltung von Chamäleons ist, lohnt es sich auch zu versuchen, weitgehend futterzahme Exemplare zum Aufnehmen von Tropfwasser aus einer vorgehaltenen Pipette zu bewegen. So kann der Pfleger ein bis mehrfach pro Woche die Wasseraufnahme in kontrollierter Form ergänzen. Dabei ist aber darauf zu achten, dass die Wasseraufnahme durch das Chamäleon mit weitgehend horizontal gehaltenem Kopf erfolgt. Strecken die Tiere ihren Kopf zum Trinken stark nach oben, kann es passieren, dass sie beim manuellen Tränken weitaus mehr Wasser aufnehmen, als sie benötigen. Der Pfleger folgt unwillkürlich leichten Ausweichbewegungen der Tiere und die Chamäleons schlucken krampfhaft weitere Tropfen ab, allein, um nicht zu ertrinken. Bei horizontaler Kopfhaltung benötigt das Trinken viel mehr aktive Teilnahme des Tieres und eine Überdosierung ist daher leichter zu vermeiden.

Einrichtung

Bodengrund

Beide hier besprochenen Chamäleonarten sind Baum- und Strauchbewohner, die außer zur Eiablage kaum einmal den Boden aufsuchen. Dementsprechend spielt der Bodengrund im Terrarium für diese Tiere nur eine untergeordnete Rolle. Aufzuchtbecken hält man sogar am besten völlig frei von Bodengrund. So wird nicht nur die Reinigung erleichtert, sondern die noch etwas ungeschickten Jungtiere erbeuten auch leichter und zuverlässig ausreichend Nahrung, da sich die Futtertiere nicht im Bodengrund verstecken können. Neben dekorativen Effekten erfüllt der Bodengrund in größeren Terrarien aber durchaus auch sinnvolle Aufgaben. Nicht nur kann er als Wurzelgrund für die Pflanzen und als Eiablageplatz dienen, sondern er hilft auch, ein zu starkes Absinken der Luftfeuchtigkeit im Terrarium zu verhindern. Zu trockene Atemluft ist für das empfindliche Atmungssystem aller Chamäleons nämlich ein nicht zu unterschätzender Risikofaktor und begünstigt gefährliche Atemwegsinfekte. Der Bodengrund sollte so gestaltet sein, dass er nicht stark an eventuell feuchten Futtertieren haften bleibt und somit nicht die Gefahr besteht, dass die Chamäleons beim Fressen größere Mengen davon mit aufnehmen. Feinkörniger Kies ist ungeeignet und gefährlich. Bei Mineralmangel nehmen viele Chamäleons große Mengen dieses Substrates auf und gehen oft daran zugrunde. Bewährt haben sich dagegen verschiedene Torf-Sand-Gemische, aber vor allem eine 1 : 1-Mischung aus Blumenerde und Rindenmulch. Frischer Rindenmulch muss unbedingt mehrere Tage im Freien ausdünsten, bis er nicht mehr streng riecht, da die sonst noch enthaltenen ätherischen Öle die Tiere schädigen können. Im Gegensatz zur gängigen, wohl vor allem auf Furcht vor eingeschleppten Parasiten oder Pflanzenschädlingen beruhenden Meinung vieler Terrarianer, konnten hervorragende Erfahrungen mit einem „Beimpfen“ des Bodengrundes mit Walderde gemacht werden. Die Wahrscheinlichkeit, sich damit Parasiten oder gefährliche Schädlinge einzuschleppen ist äußerst gering. Am besten eignet sich für unsere Zwecke die oberste Erdschicht unter Buchenfalllaub, ältere Moospolster oder der Boden unter einem vermoderten Laubholzstamm sowie Teile eines solchen Stammes. Mit diesen Zusätzen zum Bodengrund bringt man eine rege Kleinlebewelt in den Terrarienboden ein, die hilft, unentdeckte Futterreste zu beseitigen, den Boden locker zu halten und nicht zuletzt auch ein kompetitives Umfeld zu schaffen, das die Vermehrung potenziell schädlicher Bakterien hemmt. In jedem Terrarium entwickelt sich daraus mit der Zeit eine ganz eigene Bodenlebewelt, die durchaus interessante Beobachtungsmöglichkeiten bietet und auch ab und zu von den Chamäleons als Zwischenmahlzeit genutzt wird. Zusätzlich zu der Walderde empfiehlt es sich, einige Regenwürmer einzusetzen. Außer für trächtige Weibchen genügt eine Bodenschicht von 5–10 cm vollkommen. Trächtige Weibchen sollten zumindest mehrere Plätze mit mindestens 15–20 cm Substrat vorfinden und es ist besonders wichtig, dass dieses Substrat nicht von unten erwärmt wird. Steigt die Temperatur während des Grabens nach unten hin an, stoppen viele Weibchen ihre Grabversuche, was letztlich zu Legenot und sogar zum Tod führen kann.

Wandstrukturen

Um den Chamäleons ein Gefühl der Sicherheit zu geben, die nutzbare Kletterfläche im Terrarium zu vergrößern und Spiegelungen in Glasscheiben ebenso zu reduzieren, wie den möglichen Blick-

Kokosmatten

Presskork

Terrarienwände können durch Presskork dekorativ gestaltet werden

kontakt zu anderen Chamäleons oder ähnlichen Stressquellen, sollten möglichst alle Innenwände des Chamäleonterrariums mit Ausnahme der Frontscheibe blickdicht verkleidet werden. Die einfachste Lösung ist das Bekleben mit einer Korktapete bzw. Dachdeckerkork (Presskork, Korkulit®), der viel rauer strukturiert und in verschiedenen Dicken erhältlich ist. Mit Hilfe von Messer und Spatel können zusätzlich Strukturen eingearbeitet werden. Wichtig ist, dass man nur die ohne Lösungs- oder Klebmittel gepressten Sorten nimmt. Sehr schön ist gepresste Naturkorkrinde, die besonders guten Kletteruntergrund bietet. Aber auch aus in Form gekratzten Styropor®-Platten oder modelliertem PU-Schaum kann man durch dünne Mörtel-, Gips- oder Zementauflagen, die mit ungiftigen Farben eingefärbt werden, sehr attraktive, leichte und gut erkletterbare Wände bauen. Dabei ist zu beachten, dass Gips auf Dauer nicht sehr feuchtigkeitsbeständig ist und zementhaltige Oberflächen wegen ihrer stark alkalischen Reaktion vor der endgültigen Verwendung ausgiebig gewässert oder zumindest wiederholt mit Essigwasser abgewaschen werden müssen.
Alternativ kann man durch ein Bestreichen der Oberflächen mit Epoxydharz das Baumaterial versiegeln und stabilisieren. Das eigentlich sehr glatte Epoxidharz bietet dabei, wenn es vor dem Aushärten mit Sand bestreut wurde, noch eine ausreichend griffige Kletterunterlage.

Inneneinrichtung und Bepflanzung

Entsprechend der ausschließlich kletternden Lebensweise unserer Pfleglinge sollten verzweigte Äste ein wesentliches Gestaltungsmerkmal des Behälters bilden. Dabei sollte die Dicke so gewählt werden, dass vor allem Äste dominieren, die der Bewohner zu etwa zwei Drittel umgreifen kann. Aber auch dickere und dünnere Äste dürfen nicht fehlen. Vor allem müssen viele horizontale Klettergelegenheiten geboten werden und jeweils auch Äste in passender Entfernung unter den Sonnenplätzen entlang verlaufen. Zusätzlich zu den Ästen sollte auch Deckung bietendes Blattwerk vorhanden sein. Zu diesem Zweck eignen sich besonders baum- oder strauchartige Gewächse, da ihr Gezweig weitere Klettermöglichkeiten bietet. Besonders bewährt in Chamäleonterrarien haben sich verschiedene Feigenbäume (*Ficus*-Arten), allen voran die Birkenfeige (*Ficus benjamina*), sowie Zitrusgewächse und die Strahlenaralie (*Schefflera arboricola*). Aber auch rankende Pflanzen wie Efeutute (*Pothos* [ehemals *Epipremnum*] *pinnatus*), Wachsblumen (*Hoya* sp., meist *H. carnosa*), *Philodendron scandens* und andere eignen sich. Da die Chamäleons teilweise auch an den Terrarienpflanzen Geschmack finden, ist es wichtig, dass diese beim Einbringen frei von Pestiziden und Chemikalien wie z. B. Blattglanz sind.

Wachsblume (*Hoya* sp.)

Um sicherzugehen, empfiehlt es sich daher, frisch gekaufte Pflanzen einmal mit verdünnter Spülmittellösung zu besprühen und anschließend gut mit fließendem Wasser abzuspülen. Danach sollten die Pflanzen an mehreren weiteren Tagen gründlich mit reinem Wasser abgeduscht werden, bevor sie in das Terrarium verbracht werden. Natürlich besteht bei manchen Pflanzen auch eine gewisse Gefahr von Vergiftungen durch natürliche Inhaltsstoffe. Chamäleons verzehren jedoch viele, für Säugetiere teilweise hochgiftige Pflanzen, ohne dabei gesundheitliche Beeinträchtigungen zu zeigen und lassen für sie gefährliche Pflanzen anscheinend meist weitgehend unangetastet.

In ihrer Heimat leben die Tiere beispielsweise auch auf hochgiftig geltenden Euphorbienarten und im Terrarium verzehren sie ohne Schaden verschiedene Araceen (Efeutute, Philodendren) und *Ficus*-Arten. So lange es also keine Zusammenstellung von Pflanzen mit für Chamäleons dokumentierter Giftigkeit oder eine Auflistung entsprechender Erfahrungswerte gibt, ist es nicht möglich, die Liste der verwendbaren Pflanzenarten sinnvoll einzuschränken. Einige Terrarianer versuchen neuerdings, die Pflanzengesellschaften der natürlichen Lebensräume ihrer Pfleglinge möglichst originalgetreu im Terrarium nachzubilden. Zwar ist es den Tieren egal, ob ihre Ansprüche an Deckung und Kletteruntergrund durch Pflanzen aus ihrer Heimat oder von anderswo gedeckt werden, doch stellt so ein Vorhaben zumindest eine reizvolle Aufgabe dar. Allerdings sind nur wenige Pflanzen aus dem Jemen mehr oder regelmäßig im normalen Handel erhältlich und leider überleben die meisten davon nicht lange unbeschadet in einem Jemenchamäleonterrarium. Leicht erhältlich ist vor allem die Kletterpflanze *Cissus rotundifolia*. Weiterhin häufig angeboten werden die in den trockenen Regionen des Jemens vorkommende bekannte *Aloe vera* sowie das Schwalbenwurzgewächs *Echidnopsis cereiformis*. Diese beiden werden im Terrarium allerdings von den meisten Jemenchamäleons bald restlos verzehrt und auch der *Cissus* scheint leider für Chamäleons schmackhaft zu sein. Gelegentlich wird auch, die in ihrer Heimat durchaus auch von Jemenchamäleons bewohnte *Euphorbia tirucalli* unter dem Namen Bleistiftstrauch angeboten. Wie bereits angedeutet, fressen die Jemenchamäleons auch von dieser Pflanze ohne feststellbare Schäden und nur ein sehr großes Exemplar hat eine Chance, im Terrarium länger zu überleben, ohne niedergetrampelt oder verzehrt zu werden. Innerhalb des genannten Rahmens ist es dem Pfleger möglich, durch geschickte Auswahl und Anordnung der Pflanzen nicht nur den Anforderungen der Chamäleons gerecht zu werden, sondern auch einen ästhetischen Gesamteindruck zu erzielen. Für erwachsene Panther- oder Jemenchamäleons kann man, wie im Kapitel Bewässerung und Tränken bereits angedeutet, auch Wasserbehälter in das Terrarium integrieren. Besonders, wenn es sich dabei um durch Zimmerspringbrunnenpumpen oder durch Aquarienfilter bewegte Wasserflächen oder gar einen kleinen Wasserfall handelt, lernen viele Chamäleons bald auch, diese Behälter zum Trinken aufzusuchen. Allerdings darf auch dann nicht auf das tägliche Sprühen verzichtet werden. Alle Wasserbehälter müssen gut zu säubern sein. Je einfacher das System, umso zuverlässiger und rascher die Reinigung. Wasserfälle können leider in dieser Hinsicht ein Problem darstellen. Besonders bewährt und empfehlenswert sind zwei gleich große, ineinandergestellte dunkle Plastikschalen (z. B. Blumenkästen), in die kein Bodengrund eingefüllt wird und in denen eine kleine Pumpe für dauernde Wasserumwälzung sorgt. Diese Behälter sind in Minutenschnelle gereinigt. Wenn sie dann noch auf halber Höhe des Terrariums angebracht und z. B. das äußere Gefäß in eine Strukturrückwand integriert wurde, ist eine solche Wasserquelle nicht nur weitgehend vor Verschmutzung durch Substrat geschützt, sondern sie wird in dieser Position von den Chamäleons auch besonders regelmäßig zum Trinken aufgesucht. Ganz junge Chamäleons ertrinken allerdings bereits in nur wenige Millimeter tiefem Wasser, so dass sich das Anbringen jeglicher Wassergefäße während der ersten vier bis acht Lebenswochen verbietet.

Futter

Wie die meisten Chamäleonarten ernähren sich unsere Chamäleons vorwiegend von tierischer Nahrung, wobei Insekten den größten Anteil ausmachen. Anders als viele ihrer Verwandten, nehmen sie aber auch durchaus erwähnenswerte Mengen an pflanzlicher Beikost auf. In diesem Kapitel werden geeignete Futtertiere und -pflanzen kurz vorgestellt. Im speziellen Teil wird dann auf die individuellen Ernährungsansprüche der Tiere eingegangen. Generell ist eine möglichst große Vielfalt und Abwechslung bei der Fütterung anzustreben. Nicht nur, um Mangelerscheinungen vorzubeugen, sondern auch um, die bei Chamäleons häufig vorkommende Prägung auf wenige akzeptierte Futtertiere zu verhindern. Immer wieder wird im Zusammenhang mit der Fütterung vor allem von Neueinsteigern in die Chamäleonhaltung um möglichst detaillierte Rezepte zu genauer Zusammensetzung und Menge des Futters gegeben und häufig wird bemängelt, dass solche Angaben in Haltungsberichten und -anleitungen fehlen oder zu ungenau sind. Daher soll an dieser Stelle kurz auf die diesbezügliche Problematik eingegangen werden: Der Nahrungsbedarf von Chamäleons, wie von vielen anderen Terrarientieren auch, hängt nicht allein von Art, Alter und Größe der Tiere ab, sondern zu einem hohen Anteil ebenfalls von den aktuellen Haltungsbedingungen und individuellen Parametern. Beleuchtungsart und Dauer, Temperatur am Sonnenplatz, Agilität des Tieres, dauerhafte oder vorübergehende Stressfaktoren – all dies beeinflusst den tatsächlichen Futterbedarf der Tiere. Bezüglich der Art des Futters spielen lokale Verfügbarkeiten und individuelle Vorlieben der Tiere eine weitere Rolle. Zudem gibt es nicht **DAS** einzig optimale Chamäleonfutter, sondern vielmehr eine erfreuliche Vielfalt an Möglichkeiten, diese Tiere artgerecht zu ernähren. Der wohl sinnvollste Fütterungsleitfaden beschränkt sich daher darauf, seine Tiere möglichst abwechslungsreich zu ernähren, den weiter unten folgenden Empfehlungen zur Vitamin- und Mineralstoffversorgung zu folgen und zur Einschätzung der Sinnhaftigkeit der angebotenen Futtermenge den Ernährungszustand der Tiere regelmäßig zu kontrollieren, um die Nahrungsmenge gegebenenfalls anpassen zu können. Dabei muss zum einen darauf geachtet werden, dass Beckenknochen und Schwanzwirbelsäule nicht stark hervortreten und zum anderen, dass der Helmbereich nicht angeschwollen erscheint und die Gliedmassen ein schlankes Aussehen behalten. Jungtiere sollten zudem mit der in diesem Buch beschriebenen Rate wachsen. Diese einfachen Routinekontrollen bewahren den Halter bereits weitgehend zuverlässig davor, seine Tiere dauerhaft zu über- oder unterfüttern. Um dem Neuling einen sinnvollen Einstieg zu ermöglichen, sei jedoch an dieser Stelle trotzdem eine noch weiterführende Empfehlung gegeben. Dabei sei jedoch hervorgehoben, dass jeder Halter, der dieser Empfehlung folgt, verpflichtet ist, ihre Anwendbarkeit auf die eigenen Tiere anhand der soeben genannten Parameter zu überprüfen und gegebenenfalls anzupassen. Alle Futtertiere sollten dabei den weiter unten gemachten Empfehlungen folgend mit Mineralien und Vitaminen angereichert werden. Für Jungtiere bis zum Alter von etwa sechs Wochen, dass eine reichhaltige Fütterung zu empfehlen ist. Das heißt gilt in diesem Rahmen, die Tiere sollten einmal am Tag soviel Futter angeboten bekommen, wie sie freiwillig aufnehmen. Die Futterzusammensetzung sollte mindestens zwei Futtertierarten umfassen und *Drosophila* aus unbedingt milbenfreien Zuchten (sonst droht Erstickungsgefahr durch im Tier umherwandernde Milben) sollten nicht mehr als die Hälfte der Futterration ausmachen. Der Rest kann sich z. B. aus Bohnenkäfern, Ofenfischchen, Grillen von maximal der Länge der Chamäleonmaulspalte oder auch Wiesenplankton zusammensetzen. Je nach Größe der Jungtiere kann man bald auch schon Stubenfliegen anbieten. Auch in diesem Alter schaden ein oder zwei Fastentage pro Woche nicht, sind aber nicht nötig. Tiere der nächsten Altersstufe, also von ca. sechs Wochen bis zu etwa halber Adultgröße erhalten nur noch jeden zweiten Tag Futter in einer Menge, die sie innerhalb einer halben Stunde restlos verzehrt haben. Gegen Ende dieser Altersstufe kann die Fütterung durch einen zusätzlichen Fastentag nach je drei Fütterungen noch weiter reduziert werden. Die Zusammensetzung der Nahrung für diese wie für alle folgenden Altersstufen kann und sollte sehr variabel gehandhabt werden. Als Faustregel sollten jedoch alle Larvenformen von Insekten (also z. B. Mehlkäferlarven, *Zophobas*, „Wachsmaden“, andere Raupen etc.) vor allem wegen ihres hohen Fettgehaltes zusammen nicht mehr als 20 % der Gesamtnahrung ausmachen. Alle nicht wurmförmigen Futterinsekten sollten nicht länger als die Maulspalte des Chamäleons sein. Ab dieser Altersstufe kann man auch erstmals Grünfutter anbieten. Dieses darf ohne Schaden jederzeit im Becken verfügbar sein. Es ist aber auch nicht schädlich, wenn vegetabile Nahrung nur unregelmäßig angeboten wird. Von etwa halber Adultgröße bis zum vollen heranwachsen ist es sinnvoll, die Chamäleons maximal dreimal pro Woche zu füttern. Dabei sollte die Futtermenge nicht mehr als 4–5 Futtertiere von Maulspaltengröße betragen. Alternativ können entsprechend mehr kleinere Futtertiere gereicht werden. Ab diesem Alter haben die Tiere allerdings auch keine Probleme mehr damit, im Einzelfall Beutetiere zu bewältigen, die deutlich größer als die bisher empfohlenen Maße sind. Jemen- oder Pantherchamäleons von einem Jahr und älter benötigen dann außerhalb der Trächtigkeit noch weniger Nahrung. Zwei Fütterungen von 2–4 größeren Futtertieren pro Woche oder eine entsprechend größere Menge kleinerer Futtertiere reichen vollständig aus. Gerade bei älteren Tieren ist auf die genannten Anzeichen von Verfettung zu achten und unter Umständen muss die Ernährung dann sogar noch weiter reduziert werden. Einzig trächtige Weibchen sollten öfter gefüttert werden. Bewährt hat sich eine Fütterung jeden zweiten Tag mit soviel Futtertieren, wie innerhalb von ca. 15 Minuten verzehrt werden. Ähnlich geht man in der ersten Woche nach der Eiablage vor, doch sollte eine so reichliche Fütterung nicht noch länger aufrechterhalten werden.

In den primär futterfreien Tagen kann man vegetabile Nahrung reichen aber auch gelegentlich einige Fliegen. Solche Futtertiere sind wenig gehaltvoll, regen das Chamäleon aber zur Beutejagd an und sorgen somit für Bewegung und Beschäftigung.

Freilandfutter

Ein sehr umstrittenes Thema bei der Ernährung sämtlicher Terrarientiere ist die Verwendung von im Freiland gesammelten Futtertieren und Pflanzen. Kritiker betonen immer wieder das Risiko der Einschleppung von Pestiziden, Parasiten und Krankheitserregern sowie die Belastung natürlicher Insektenpopulationen. Befürworter halten dagegen, dass gerade Freilandfutter in der Regel Vitamine und Mineralstoffe in besonders ausgewogenem Verhältnis enthält und dem Halter eine Vielfalt bei der Ernährung seiner Tiere erlaubt, die auf anderem Wege nicht zu erreichen ist. Nach unseren Erfahrungen überwiegen die Vorteile solcher Futtermittel ihre Nachteile bei weitem und die Vitalität und Farbenpracht der damit ernährten Tiere bekräftigen diese Ansicht. In mehreren Jahrzehnten Terrarientierhaltung und allsommerlicher Verfütterung von Freilandinsekten und Wiesenkräutern haben wir bisher keinen Fall von eingeschleppten Parasiten oder Krankheitserregern erlebt, so dass dieses Risiko sicherlich als gering einzustufen ist. Bedenkt man die oft hohe Wirtsspezifität von Reptilienparasiten, so engt sich die Zahl der potenziell unangenehmen Gäste, die man sich mit einfängt sowieso stark ein. Trotzdem sollte man vermeiden, Futter nahe kopfreicher Reiher-, Krähen- oder anderer Vogelkolonien zu sammeln oder Futter den wenigen, heute noch vorhandenen Habitaten mit reicher Reptilienbevölkerung zu entnehmen. Ebenso selbstverständlich sollte es sein, nicht nahe befahrener Straßen oder mit Pestiziden behandelter Felder zu sammeln. Weit relevanter als das Risiko, Parasiten oder Krankheitserreger einzuschleppen, ist für uns aber der Naturschutzaspekt. Das

Sammeln in Naturschutzgebieten verbietet sich schon von allein. Aber auch andere fragile Lebensräume, wie Magerrasen und Feuchtgebiete sollte man aus diesem Grund besser meiden. Zum Glück finden sich die für unsere Zwecke ertragreichsten Gebiete aber gerade unter den ökologisch wenig empfindlichen oder bedrohten, überdüngten siedlungsnahen Wiesen und Brachflächen. Am relevantesten für die Ernährung unserer Chamäleons, ist der Fang von Feldheuschrecken. Diese in den Monaten Juni bis Oktober verfügbaren, relativ voluminösen Insekten werden meist sehr gerne gefressen. Am ergiebigsten ist der Fang in den noch kühlen Morgen- und Abendstunden oder an trüben Tagen. Am sichersten erbeutet man diese Insekten einzeln per Hand. Das klingt mühsam, aber mit etwas Übung erbeutet man so auf ergiebigen Wiesen leicht 2–300 Schrecken pro Stunde. Ein Fang auf Vorrat ist aber leider nur begrenzt möglich, da sich die heimischen Feldheuschrecken nur mit größerem Aufwand längere Zeit am Leben erhalten lassen. In einer, mit einem trockenen Papierknäuel und etwas Wiesenkräutern versehenen, gut belüfteten Dose, kann man sie jedoch bei Bedarf im Kühlschrank immerhin bis zu etwa einer Woche vital erhalten. Es ist sinnvoll, sich über die lokal vorkommenden Arten kundig zu machen. So vermeidet man effizient das Sammeln seltener oder geschützter Arten. Für junge Chamäleons empfiehlt sich der Fang von so genanntem Wiesenplankton. Dazu benötigt man ein feinmaschiges Netz mit 60–80 cm langem schlauchförmigen Netzbeutel. Die Netzöffnung sollte mindestens 30–50 cm breit und der Stiel 1,5–2 m lang sein. Am besten wird zusätzlich die Öffnung halb durch ein Netz mit mindestens ca. 5 cm Maschenweite abgedeckt, das Grobteile abweist. Mit zügigen, weit ausholenden „sensenartigen" Bewegungen streift man zum Wiesenplanktonfang das Netz langsam vorwärts gehend über eine ungemähte Wiese. Dabei abwechselnd kurz über der Grasoberfläche und bis zu 15 cm eingetaucht schwenken. Zum Schluss mit einigen sehr schnellen Schwenkbewegungen in der Luft den Fang am Netzgrund sammeln und rasch in ein weithalsiges Schraubglas umstülpen. Dort findet man nun, neben Pflanzenresten, eine Unzahl kleiner und kleinster Insekten verschiedenster Art, die ein hervorragendes Aufzuchtfutter für frisch geschlüpfte Chamäleons darstellen. Beste Ausbeuten mit dieser Methode hat man in Mitteleuropa von Ende April bis Juni. Wegen der mangelnden Möglichkeit, die gefangenen Insekten zu sortieren, sollte man beim Wiesenplanktonfang besonders darauf achten, keine empfindlichen oder geschützten Biotope aufzusuchen. Auch gerne genommen, werden in der Regel verschiedene Spinnen- und Fliegenarten. Im Handel sind Fliegenfallen

Mit einem feinmaschigen Netz kann so genanntes Wiesenplankton gefangen werden

erhältlich, die mit stark riechenden Nahrungsmitteln beködert, ganz erhebliche Ausbeuten liefern können.
Neben solcher tierischer Kost kann man seinen Jemen- und vereinzelten Pantherchamäleons auch mancherlei Freilandkräuter anbieten. An erster Stelle stehen hier Löwenzahn, Wegericharten und andere Wiesenkräuter. Prinzipiell kann man den Tieren alle ungiftigen Pflanzenarten anbieten. Die Geschmäcker sind da durchaus unterschiedlich. Abstand nehmen sollte man aber von stark oxalsäurehaltigen Arten wie z. B. Sauerklee, Rhabarber oder Beinwell.

Käufliches Futter und Futtertierzuchten

In diesem Abschnitt soll nur kurz, auf regelmäßig im Handel erhältliche Futtertiere und Pflanzen eingegangen werden. In vielen Fällen kann es sich lohnen, eine oder mehrere Futtertierarten selber kontinuierlich zu züchten. Anleitungen dazu zu geben, würden den Rahmen dieses Buches sprengen. Sehr gute Informationen zu diesem Thema finden sich bei Friederich & Volland (2005).
Im Handel erworbene Futtertiere haben oft längere Zeit selbst kein Futter erhalten und stellen daher leider häufig keine besonders hochwertige Nahrung dar. Darum sollte man alle nicht selbst gefangenen oder gezüchteten Futtertiere vor dem Verfüttern immer einige Tage mit hochwertigen Futtermitteln anfüttern. Nicht nur werden die Futtertiere selbst dadurch ernährungsphysiologisch wertvoller, sondern auch ihr nun hochwertiger Darminhalt stellt einen wertvollen Beitrag zur gesunden Ernährung unserer Chamäleons dar.

Grillen

Regelmäßig im Handel erhältlich sind derzeit vier Grillenarten: Die größeren, über zwei Zentimeter erreichenden Mittelmeer- oder Zweifleckgrillen (*Gryllus bimaculatus*) und Steppengrillen (*Gryllus assimilis*) sowie die nur etwa halb so großen Heimchen (*Acheta domestica*) und Kurzflügelgrillen (*Gryllodes sigillatus*). Alle vier Arten stellen hervorragende Futtertiere dar, die gerne gefressen werden. Zweifleckgrillen sind etwas härter gepanzert als die anderen Arten und die Männchen zirpen besonders laut und eifrig. Steppengrillen werden sehr groß, zirpen meist deutlich weniger als ihre Verwandten und werden oft besonders gern gefressen. Im Gegensatz zu den anderen Arten, können sich entwichene Heimchen unter Umständen im Haus vermehren und so zur Plage werden. In noch höherem Maße gilt das leider auch für Kurzflügelgrillen. Diese Tiere sind besonders flink und entsprechend oft überleben einige der agilen Insekten im Terrarium und bauen dort oder im warmen Umfeld eines Terrarienraumes stabile Populationen auf, die nur schwer wieder loszuwerden sind. Der Erstautor versucht seit Jahren erfolglos, diese Insekten in seinem Terrarienraum auszumerzen und möchte daher vor einer unüberlegten Verwendung der Art warnen. Lästig werden die Tiere vor allem durch das Anknabbern von Pflanzen, eventuell frisch gelegten Chamäleoneiern und durch das unermüdliche und im Chor sehr laute Zirpen der Männchen. Alle vier Grillenarten lassen sich problemlos züchten, wobei die Kurzflügelgrillen trotz ihrer etwas längeren Entwicklungszeit besonders ergiebig und auch besonders unanfällig gegen Feuchtigkeits- und Temperaturschwankungen sind.

Wanderheuschrecken

Zwei Arten von Wanderheuschrecken sind Teil des Standardsortiments der Futtertierzüchter. Die Ägyptische Wanderheuschrecke (*Locusta migratoria*) und die etwas größere Wüstenheuschrecke (*Schistocerca gregaria*). Bezüglich ihrer Eignung als Futtertier unterscheiden sich die beiden Arten nicht und sind gleichermaßen empfehlenswert.

Die geflügelten Imagines eignen sich nur für ausgewachsene Chamäleons. Larven verschiedener Größe sind aber auch ein sehr gutes Futter für kleinere Exemplare. Im Terrarium längere Zeit überlebende Heuschrecken, machen sich unter Umständen durch Anknabbern der Bepflanzung negativ bemerkbar.

Käferlarven

Überall und jederzeit im Handel erhältlich sind die als Mehlwürmer bezeichneten Larven des Mehlkäfers, *Tenebrio molitor*. Wegen ihrer Schwerverdaulichkeit und des hohen Energiegehaltes sollten sie dennoch nur gelegentlich gegeben werden. Ähnliches gilt für die, unter dem Namen „Buffalos“ gehandelten, viel kleineren Larven des Getreideschimmelkäfers (*Alphitobius diaperinus*). Dagegen scheint ein größerer Anteil an Larven des großen Schwarzkäfers, *Zophobas morio* am Chamäleonfutter, keine negativen Auswirkungen zu haben, ebensowenig wie Larven des Rosenkäfers (*Pachnoda* spp.).

Käfer

Außer den im Handel erhältlichen Rosenkäferlarven kann man auch die erwachsenen Käfer verfüttern. Manche Chamäleons nehmen gerade diese bunten Arten trotz ihrer relativen Hartschaligkeit recht gerne und sie haben ein weitaus gesünderes Ballaststoff/Energieverhältnis als die Larven. Gleiches gilt auch für Mehlkäfer und metamorphisierte *Zophobas*, doch nehmen vor allem letztere nur wenige Chamäleons an. Das begründet sich wahrscheinlich mit ihrem stark riechenden Abwehrsekret.

Seit einiger Zeit sind Bohnenkäfer (*Bruchus quadrimaculatus*) regelmäßig im Futtertierhandel erhältlich.

Diese nur bis zu vier mm großen Käfer sind ein hervorragendes Aufzuchtfutter für Chamäleons. Sie verstecken sich nicht, sondern krabbeln lebhaft umher und eignen sich anders als *Drosophila* sogar über längere Zeit als Haupt- oder Alleinfutter. Auch größere Tiere schießen manchmal noch gerne nach den Käferchen und so eignen sie sich auch als Beschäftigungstherapie zur Überbrückung der Abstände zwischen den eigentlichen Fütterungen. Zudem haften Supplemente sehr gut an den haarigen Tierchen und Ihre Zucht ist sehr produktiv bei minimalem Arbeitsaufwand. Da die im Handel erhältlichen Stämme zur Vermehrung offenbar essentiell auf Schwarzaugenbohnen angewiesen sind, können entwichene Käfer auch kaum eine Plage als Vorratsschädling begründen.

Der Kornkäfer (*Sitophilus granarius)* ist ähnlich einfach zu vermehren, aber weit weniger produktiv.

Dieser recht weiche Käfer eignet sich allerdings nur als Erstnahrung für frisch geschlüpfte Chamäleons der hier besprochenen Arten, da er noch kleiner als der Bohnenkäfer ist. Beim Entweichen kann ihm auch ein gewisses Schädlingspotential im Haushalt nicht abgesprochen werden.

Raupen

Seit wenigen Jahren sind im Handel die Raupen des chilenischen Schmetterlings *Chilocomadia moorei* unter dem Namen „Tebo“-Raupen erhältlich. Diese Raupen sind ein gern genommenes Futter, mit hohem Kalziumgehalt. Leider gelingt die Zucht dieser, auf die Futterpflanze *Trevoa trinervis* spezialisierten Falterart bisher nicht und nach wie vor wird jedes Exemplar in Chile im Freiland gesammelt. Allerdings gilt die Art in ihrer Heimat als Schädling und ihre Bestände sind nicht bedroht. Das Absammeln für die Verwendung als Futtertier stellt also eine nachhaltige Nutzung als Teil von Schädlingsbekämpfungsmaßnahmen dar. Daher darf man diese ernährungsphysiologisch wertvollen Raupen guten Gewissens an seine

Chamäleons verfüttern. Allerdings sollte man „Tebo“-Raupen nicht zu lange aufbewahren, da eine zunehmende Aushungerung dieser Nahrungsspezialisten ihrem Wert als Futtertier natürlich abträglich ist. Bisweilen gelingt jedoch die Anfütterung der Raupen mit Karotten oder Kartoffelscheiben. In diesen Fällen erscheint es sinnvoll, den Tieren erst eine Kräftigungsphase zu gönnen, bevor sie verfüttert werden.

Selten sind Seidenspinnerraupen zu bekommen. Hat man die Gelegenheit, sollte man nicht zögern, zuzugreifen, da diese Larven ein gerne genommenes und bekömmliches Futter darstellen. Auch die bekannten Larven der Großen Wachsmotte (*Galleria mellonella*) und der Kleinen Wachsmotte (*Achroea grisella*) gehören in diese Kategorie. Wegen ihres hohen Nährwertes eignen sie sich vor allem zum Aufpäppeln schwächlicher oder kranker Chamäleons und sollten aus dem gleichen Grund gesunden Tieren nur sporadisch gereicht werden, um einer Verfettung vorzubeugen. Weniger Bedenken bestehen beim Verfüttern der weitaus weniger nahrhaften, aber gerne genommenen Falter beider Arten.

Schaben

Während von der Verfütterung der verschiedenen, als Schädlinge bekannten einheimischen Kakerlaken-Arten wegen des hohen Schädlingspotentials trotz ihrer Eignung als Futtertier dringend abzuraten ist, sind in letzter Zeit zunehmend exotische Schabenarten verfügbar geworden, die sich nicht in der Wohnung vermehren können. Vor allem Totenkopfschaben, *Blaberus craniifer* und die verwandten *B. discoidales*, *B. atropos* und (seltener) *B. giganteus* sowie die Argentinische Waldschabe *Blaptica dubia* werden derzeit als Futtertiere verwendet. Die Imagines sind große Brocken, die nur ausgewachsene Chamäleons bewältigen können. Manche Chamäleons fressen Schaben ohne weiteres, andere sind nicht dazu zu bewegen. Die Akzeptanz der mit Stinkdrüsen bewehrten Arten ist besonders unterschiedlich. Viele Chamäleons stören sich aber überhaupt nicht an dem penetranten Geruch. Fast immer gerne genommen werden die, leider seltener erhältlichen, agileren kleineren Schabenarten. Allen voran die flugfreudige, leuchtend Grüne Schabe (*Panchlora nivea*), aber auch die braune, weiche und größere *Rhypharobia maderae* werden sehr gerne gefressen. Die Grüne Schabe eignet sich, wie eigentlich generell alle grünen Insekten, auch hervorragend dazu, Futterverweigerer wieder zum Fressen zu bewegen.

Fliegen

Während die verschiedenen käuflichen Fruchtfliegenarten der Gattung *Drosophila*, von denen man möglichst eine flugunfähige Zuchtform erwerben sollte, sich ausschließlich für Schlüpflinge der hier behandelten Chamäleonarten eignen, werden Stuben- und Schmeißfliegen auch von großen Chamäleons fast immer gerne genommen. Auch, wenn adulte Tiere davon natürlich nicht satt werden. Von der Stubenfliege (*Musca domestica*) ist eine Variante mit stark eingeschränkter Flugfähigkeit unter dem Namen „Terfly“ oder „Krullfliege“ regelmäßig erhältlich. Larven der „Schmeißfliegen“ *Calliphora erytrocephala* und *Lucilia* sp. erhält man vor allem in Angelgeschäften, wo dann die Larven der kleineren *Lucilia* unter dem Namen „Pinkies“ angeboten werden. Von beiden Arten verfüttert man am besten die Fliegen. Die Maden sind weniger beliebt und verkriechen sich auch rasch in den Winkeln des Terrariums. Grundsätzlich sind alle Fliegen vor dem Verfüttern anzufüttern, sonst bieten sie den Chamäleons kaum mehr als eine wenig nahrhafte, weitgehend leere Chitinhülle.

Urinsekten

Seit einigen Jahren haben sich Ofenfischchen (*Thermobia domestica*) als Futtertiere in der Terraristik etabliert. Diese verwandtschaftlich den bekannten Silberfischchen nahestehenden Urinsekten werden inzwischen von einigen Futtertierlieferanten angeboten und auch die Eigenzucht ist nahezu ohne Aufwand möglich, wenngleich nicht sehr ergiebig.

Zwar gleiten manche Zungenschüsse an der glatten Oberseite der sehr agilen und maximal ein cm langen Tiere ab, doch nehmen die meisten Chamäleonschlüpflinge dieses Futter gerne an. Leider verstecken sich die Ofenfischchen rasch im Terrarium, so dass sie am besten in einem glattwandigen Behälter mit nach innen überstehendem Rand angeboten werden. So bleibt den Chamäleons genug Zeit, diese Nahrungsquelle zu entdecken, bevor die Urinsekten in uneinsehbaren Verstecken verschwinden.

Ofenfischchen (*Thermobia domestica*)

Würmer und Schnecken

Regenwürmer stellen wegen ihres hohen Kalziumgehaltes ein wertvolles Zusatzfutter für Chamäleons dar, das aber leider nicht von jedem Tier angenommen wird.

Wegen der Gefahr der Übertragung von Lungenwürmern und anderen Parasiten, sollten allerdings keine selbst gefangenen Würmer verfüttert werden. Im Anglerbedarf erhält man mehrere Arten, die sich durchweg als Chamäleonfutter eignen. Nur wenige Chamäleons schießen Regenwürmer aus einer Schale. Daher bietet man die Würmer am besten einzeln, mittels einer Pinzette an. Die Würmer sollten beim Verfüttern trocken sein, da nasse Exemplare oft nur schlecht bewältigt oder auch gar nicht angenommen werden. Ähnliches wie für Regenwürmer, gilt für das Anbieten kleiner Gehäuseschnecken. Auch hier bietet sich eine hervorragende natürliche Kalziumquelle. Andererseits besteht die Gefahr der Parasitenübertragung durch wildgefangene Exemplare. Daher eignen sich vor allem kleine Achatschnecken aus eigener Zucht, oder aber auch Aquarienschnecken, wie Turmdeckel oder Posthornschnecken. Schon zwei adulte Achatschnecken der Art *Achatina fulica* produzieren genug Nachwuchs, um zwei bis vier Panther- oder Jemenchamäleons mit ausreichender Menge kleiner kalziumreicher Häppchen zu versorgen.

Zusätzlich kann man selbst gesammelte, leere, möglichst winzige Schneckenhäuser anbieten, die man durch Auskochen gereinigt hat.

Nur wenige Chamäleons schießen allerdings aktiv nach Schnecken. Immerhin nehmen jedoch einige Exemplare bisweilen lebende Schnecken oder leere Häuschen aktiv auf, indem sie sie nach Art anderer Echsen direkt mit den Kiefern ergreifen. Es lohnt sich darum, mit Ausdauer auszuprobieren, ob die eigenen Tiere diese wertvolle Kalziumquelle akzeptieren.

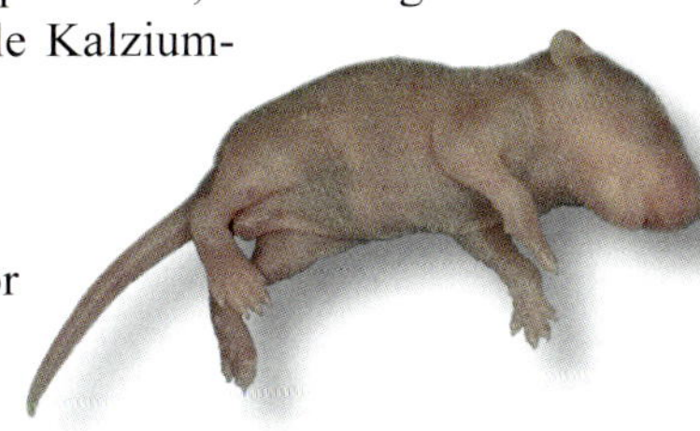

Wirbeltiere

Wirbeltiere sind vor allem wegen ihres günstigen Kalzium-Phosphor-Verhältnisses, eine im Einzelfall sinnvolle, gelegentliche Beikost für größere

Chamäleons. Neben nestjungen Mäusen eignen sich auch noch kleine Fische. Aus Tierschutzgründen sollten alle Wirbeltiere nur abgetötet von der Pinzette gereicht werden. Tiefgefrorene Mäuse jeder Größenklasse sind heute im Übrigen problemlos im Fachhandel erhältlich. Sehr wichtig ist, dass Wirbeltiernahrung im Terrarium ausschließlich trächtigen Weibchen oder aufzupäppelnden Tieren vorbehalten bleibt und auch dann nicht öfter als ein bis zweimal im Monat gereicht wird. Mäuse und ähnliche Wirbeltiere sind keinesfalls als regelmäßiger Futterbestandteil geeignet. Chamäleons, die häufig mit Mäusen gefüttert werden, neigen aufgrund des hohen Fett- und Proteingehaltes dieses Futters, zu Organschäden bzw. zur Verfettung. Mäuse bzw. Nagetiere jeglichen Alters und andere Wirbeltiere bzw. deren Teile sind auf Dauer oder zur regelmäßigen Darbietung, zu gehaltvoll. Insekten und Spinnentiere sind als Futter für Chamäleons vorzuziehen. Als Alternative zu Wirbeltieren oder Fischen können auch Garnelen gereicht werden.

C. calyptratus beim Fressen von Sternmiere (*Stellaria* sp.)

Pflanzen

Vor allem viele Jemenchamäleons, seltener auch Pantherchamäleons, nehmen regelmäßig Pflanzliches zu sich. Besonders beliebt sind dabei Blätter von *Kalanchoe blossfeldiana* (Flammendes Käthchen), *Pothos* (Efeutute) und *Ficus*-Arten. Aber auch Löwenzahnblätter, Wegerichblätter und andere Blattnahrung wird oft angenommen (Minch 2008). Obst und Gemüse wird seltener akzeptiert. Am ehesten noch Stücke von Paprika oder Gurke. Man muss ausprobieren, welche Vorlieben die eigenen Tiere haben, sollte aber immer Blattkost zur Verfügung stellen, da die Aufnahme pflanzlicher Nahrung wahrscheinlich die Regulation des Wasserhaushaltes der Chamäleons unterstützt.

Vitamine und Mineralstoffe

In freier Natur ist die kontuinuierliche Verfügbarkeit von Futterinsekten im Vergleich zur Terrarienhaltung zwar deutlich beschränkt, aber die ernährungsphysiologische Qualität freilebender Insekten ist deutlich höher einzuschätzen als diejenige der meisten käuflich erworbenen Futtertiere. Das begründet sich nicht allein in der größeren Artenzahl, der im Freiland zur Verfügung stehenden Futtertiere. Ein Hauptgrund für die meist minderwertige Qualität der gekauften Futterinsekten, muss in der zum Teil erheblichen Zeitspanne gesehen werden, die diese Tiere in Lagerräumen von Groß- und Einzelhändlern verbringen. Es ist naheliegend, dass selbst unter akutem Nährstoffmangel leidende Futtertiere keine ausgewogene Ernährungsgrundlage darstellen können.

Ein Fall von Knochenerweichung, mit gebogenen Gelenken ...

Verwendet man derartige Futtertiere, ist eine Zufütterung von Mineralstoffen und Vitaminen unumgänglich. Vitamine und Mineralstoffe sind für jeden Organismus lebensnotwendig. Unterversorgung führt zu den entsprechenden Mangelerscheinungen. Im Stoffwechsel selbst, werden diese Nahrungsbestandteile auf komplizierten biochemischen Wegen um- und eingebaut, um wirksam und verfügbar zu sein. In diesem Kapitel soll nur kurz auf die relevanten Mineralien und Vitamine eingegangen werden, damit vor allem die Wichtigkeit einer ausgewogenen Ernährung deutlich wird. Kalzium (Ca) und Phosphor (P) stellen zusammen den größten Teil des Mineralienanteils des Reptilienkörpers. Hauptsächlich werden diese Mineralien als anorganische Grundsubstanz im Knochenaufbau benötigt. Im Knochen selbst, werden diese zwei Mineralien etwa im Verhältnis 2 : 1 eingelagert. Deshalb ist es wichtig, das Gleichgewicht im Mineralhaushalt nicht zu sehr zu stören. Um dieses Verhältnis im Knochen stabil zu halten, ist ein Ca : PVerhältnis von etwa 1,3 : 1 im Futter anzustreben.

Bei stark zu Gunsten des Phosphates von diesem Wert abweichenden Ca : P-Verhältnissen in der Nahrung wird Kalzium selbst dann nicht vom Reptilienkörper verwertet, wenn es in eigentlich ausreichender Menge angeboten wird. Verschiedene weitere Faktoren können die Kalziumaufnahme im Darm stören oder sogar verhindern (z. B. Darmentzündung, Parasiten). Abgesehen von primären Darmerkrankungen gehören hierzu beispielsweise Vitamin-D_3-Mangel. Es gibt aber auch Kalziumverbindungen in der Nahrung selbst, die nur schwer oder gar nicht durch den Darm resorbiert werden können. Ein kurzfristiger Kalziummangel kann problemlos vom Körper ausgeglichen werden. Zur Regulation des Kalzium- und Phosphorhaushalts steht ein sehr feiner Regelmechanismus zur Verfügung, der mittels der Hormone Calcitonin und Parathormon Kalzium in den Knochen einlagern bzw. aus diesem freisetzen kann. Eine konstante Kalziumkonzentration im Blut ist vor allem wichtig für alle Kalzium abhängigen Muskel und Enzymaktivitäten.

Kommt es allerdings zu einer länger bestehenden, wodurch auch immer bedingten Kalziumunterversorgung, dann muss soviel Kalzium aus dem Knochen mobilisiert werden, dass pathologische Zustände die Folge sind. Man spricht hier von der so genannten stoffwechselbedingten Knochenerkrankung (**m**etabolic **b**one **d**isease =

... und Kieferknochen

MBD). Zumeist wird die MBD durch die zuvor beschriebenen Haltungs- und Ernährungsfehler verursacht, wobei der Ernährung in diesem Falle die ausschlaggebende Rolle zufällt. Somit handelt es sich bei der MBD um ein Problem, dem jeder Reptilienhalter entgegenwirken kann. Der Phosphorgehalt bei gekauften Futterinsekten ist deutlich höher als ihr Kalziumgehalt. Es muss also einerseits dafür gesorgt werden, dass die Terrarientiere zusätzlich Kalzium erhalten, andererseits muss das angebotene Kalzium aber auch für den Stoffwechsel der Terrarientiere verfügbar sein. Meist versucht man den Kalziummangel der Futtertiere durch gezielte Behandlung derselben zu beseitigen und dabei gleichzeitig den Vitamingehalt der Futtertiere zu erhöhen. Es gibt hierfür zwei gängige Verfahren: Zum einen das Bepudern der Insekten und zum anderen das so genannte „gut-loading". Hierbei wird den Futtertieren das vitaminisierte Mineralstoff-Ergänzungsfutter als Futter angeboten. Die Insekten werden dann mit gefülltem Darm an die Terrarientiere verfüttert.

Finke et al. (2005) untersuchten vier „Gut-loading"-Produkte und konnten bei nur einem Produkt nach der Verfütterungsphase genügend Kalzium in den verwendeten Grillen (*Acheta domesticus*) nachweisen. Eine weitere einfache Variante ist, die Futtertiere einige Tage bis eine Woche vor der Verfütterung anzufüttern. Dazu eignet sich z. B. mit Multisanostol® (Vitamine) beträufeltes und mit Calziumzitrat bestäubtes Grünfutter. Dies ist eine sehr bewährte Methode, die sicher den Kalziumanteil besser erhöht.

Als Quintessenz dieser Ergebnisse kann bezüglich der Kalziumversorgung über die Futtertiere nur ein Schluss gezogen werden: Möchte man als Halter von insektivoren Reptilien seinen Schützlingen optimales Futter zur Verfügung stellen, so bietet sich als beste Möglichkeit die eigene, mit hochwertigem Futter zu versorgende Insektenzucht an. Nur auf diese Weise lässt sich sicherstellen, dass das angebotene Futtertier den bestmöglichen und ausgeglichensten Nährwert hat. Ein zusätzliches Bestäuben der Futtertiere mit einem kalziumhaltigen Präparat unmittelbar vor der Verfütterung, sollte aber auch dann keinesfalls unterbleiben. Handelsübliche Mineralstoff-Vitamingemische eignen sich als alleinige Kalziumquelle dabei wenig, da sie meist neben einem eher geringen Kalziumgehalt noch einen höheren Anteil an Phosphat enthalten. Am besten mischt man daher vor dem Bestäuben der Futtertiere, diese Produkte im Verhältnis von ca. 2 : 1 mit einer vom Reptilienkörper gut aufzunehmenden Kalziumverbindung. Geeignete Kalziumsalze für pulverförmige Futterergän-

Wanderheuschrecken sind ein gern genommenes, aber sehr voluminöses Futter

zungsmittel sind vor allem Kalziumkarbonat, Kalziumlaktat, Kalziumzitrat, und Kalziumgluconat. Kalziumkarbonat hat dabei den Vorteil, aufgrund des geringen Molekulargewichtes seines Karbonatanteils einen besonders hohen relativen Gehalt an Kalziumionen aufzuweisen. Die organischen Kalziumsalze sind dagegen besser löslich und besonders gut bioverfügbar. Da sie Kalzium nicht nur als Gegenion binden, sondern auch komplexieren können, ermöglichen sie den Kalziumionen auch zusätzliche Transportwege im Organismus und bringen sie rascher auch in tiefere Zellschichten als anorganische Salze das können. Ihr Nachteil besteht im großen Molekulargewicht des Gegenions, so dass der relative Kalziumanteil dieser Salze schon beim reinen Pulver unter 30 % liegt. Zusätzlich zum Bepudern der Nahrung mit kalziumhaltigen Präparaten sollte den Chamäleons stets eine zusätzliche Kalziumquelle zur aktiven freien Aufnahme im Terrarium angeboten werden. Geeignet hierfür sind zerstoßene, vorher im Süßwasser gewässerte, Sepiaschalen oder Futterkalk. Damit die Tiere diese Quellen aktiv nutzen können, sollte hiervon immer ein Schälchen im Terrarium stehen.

Ein Mineralstoff, der im Körper in engem, funktionellen Zusammenhang mit Kalzium steht, ist Magnesium (Mg). Mg ist für die Reizleitung im Nerv ebenso wie für die Muskelkontraktion unentbehrlich.

Die nun folgenden Mineralstoffe dürfen in der Nahrung zwar nicht fehlen, werden aber in erheblich geringerer Menge benötigt als Ca, P und Mg. Darum bezeichnet man sie auch als Spurenelemente. Die meisten Spurenelemente sind zwar essentieller Nahrungsbestandteil, in hoher Überdosierung jedoch tödlich giftig.

Ein wichtiges Spurenelement, das immerhin noch in relativ großer Menge benötigt wird, ist Eisen (Fe) da es bei allen Lebewesen mit rotem Blut für den Sauerstofftransport verantwortlich und auch Bestandteil vieler Enzyme ist.

Als wichtiger Enzymbestandteil darf auch Selen (Se) nicht vergessen werden, dass zwar besonders giftig ist, in Spuren jedoch in der Nahrung vorhanden sein muss. Es gibt Regionen, in denen dieses Element so selten vorkommt, dass vor allem Weidetiere ohne zusätzliche Gaben nicht gedeihen.

In die Klasse der Enzymbestandteile fallen auch Mangan (Mn), Kupfer (Cu), Molybdän (Mo), Kobalt (Co) und Zink (Zn), wobei letzteres zusätzlich wichtiger Bestandteil vieler Transkriptionsfaktoren ist. Kobalt ist als Zentralatom des Vitamin B_{12} unentbehrlich. Mangan unterstützt zum Beispiel die Wirkung von Vitamin B_1 und die Insulinproduktion. Molybdän ist bei Wirbeltieren vor allem Kofaktor von Purin abbauenden Enzymen. Jod (I), als einziges Nichtmetall unter den wichtigsten Spurenelementen ist für die normale Schilddrüsenfunktion unerlässlich. In Deutschland mit seinem fast überall jodarmen Trinkwasser ist eine Zufütterung sinnvoll, da es sonst bei vielen Reptilien, vor allem Saumfinger (*Anolis*), Taggeckos und Schildkröten zu Kropfbildungen und bei Amphibien zu gestörter Metamorphose kommen kann.

Zum Thema Vitamine in der Terraristik existieren eine Reihe unterschiedlicher, teils sehr widersprüchlicher Literaturangaben. Sollen sie zugefüttert und wenn ja, wie sollen sie dosiert werden? Für herbivore Tiere ist eine zusätzliche Vitaminisierung des Futters oft nicht nötig. Anders verhält es sich bei carni- bzw. insectivoren Tieren. Vitamine sind niedermolekulare organische Verbindungen, die lebenswichtige Funktionen im Körper ausüben, aber nicht körpereigen synthetisiert werden können. Sie müssen deshalb mit der Nahrung aufgenommen werden. Einige Vitamine werden dem Körper als Vorstufen (Provitamine) zugeführt und vom Stoffwechsel erst in die aktive Substanz umgewandelt. Man unterteilt Vitamine in fettlösliche (lipophile) und wasserlösliche (hydrophile) Vitamine.

Eine, nicht nur in der Terraristik, noch immer viel diskutierte Frage ist die Dosierung von Vitaminen. Übereinstimmung herrscht bezüglich der Ansicht, dass es in der Regel nötig sein wird, die notwendigerweise etwas einseitige Kost der Terrarientiere durch zusätzliche Gabe wichtiger

Vitamine aufzuwerten. Während die wasserlöslichen Vitamine dabei kaum überdosiert werden können, da ein eventueller Überschuss vom Organismus umgehend wieder ausgeschieden wird, herrscht über die korrekte Dosierung der fettlöslichen Vitamine (A, D, E und K) noch einige Unklarheit. Eine Resorption dieser Vitamingruppe erfolgt aus dem Darm, gekoppelt an die Fettphase des Futters. Die Vitamine werden dann in den Fettkörpern und der Leber gespeichert. Eine Überversorgung mit Vitaminen dieser Gruppe führt zu den typischen vitaminspezifischen Vergiftungsbildern (Hypervitaminose). Darum sollten diese Vitamine immer sehr vorsichtig dosiert werden. Hypervitaminose A und D werden am häufigsten dokumentiert, während die Vitamine E und K als Krankheitsauslöser eine sehr untergeordnete Rolle spielen.

In der Praxis ist normalerweise eine Gabe von Vitamin D, das meist in der Form von Vitamin D_3 (Cholecalciferol), einer Vorstufe des reifen Vitamin D verabreicht wird, unbedingt notwendig. Zum einen sind die üblichen Futtertiere in der Regel ärmer an diesem Vitamin als freilebende Insekten (dabei dürfte auch der Darminhalt eine Rolle spielen), zum anderen wird ein obligater Syntheseschritt bei der Bildung körpereigenen Vitamin-D durch UV-B-Einwirkung auf die Haut katalysiert und die derzeit verfügbaren künstlichen UV-Quellen reichen in der Praxis meist nicht aus, um das natürliche Sonnenlicht in dieser Hinsicht dauerhaft ausreichend zu ersetzen. Bei Vitamin D Mangel nützt die beste Kalziumversorgung nichts, da das Mineral vom Körper nicht verwertet werden kann. Vitamin-D-Mangel führt daher ebenso wie Kalziummangel oder ein ungünstiges Kalzium-Phosphor-Verhältnis in der Nahrung vor allem zu vielfältigen Knochenbildungsstörungen, die als Rachitis oder Osteomalazie bezeichnet werden. Fatalerweise kann eine Überdosierung von Vitamin D_3 neben einer Verkalkung innerer Organe und Gefäße ebenfalls zu rachitisähnlichen Symptomen führen, da Vitamin D bei Überdosierung vermehrt das in den Knochen enthaltenen Kalzium mobilisiert und so eine Demineralisierung der Knochen einleitet. Die betroffenen Tiere kümmern meist geraume Zeit und sterben mit unspezifischer Symptomatik. Im Sektionsbild zeigen sich dann die typischen Veränderungen einer Hypervitaminose-D, eine massive Verkalkung der Gefäße, meist des Aortenbogens und der Aorta, aber auch die Serosakapseln der Bauchorgane und sogar das Lungengewebe weisen Kalzifikationen auf. Dagegen können die Knochen durchaus Demineralisierungsanzeichen aufweisen, wenn die Vitamin-D-Überdosierung bei gleichzeitig unzureichendem Kalziumangebot erfolgte. Da Überdosierungen von Vitamin D also ebenso gefährlich sind wie Mangelsituationen, ist eine exakte Dosierung hier besonders wichtig. Literaturangaben (z. B. Köhler 1998) und Erfahrungen des Erstautors deuten darauf hin, dass eine über mindestens zwei Einzeldosen verteilte wöchentliche Gabe von 50 IU Vitamin D_3 pro kg Körpergewicht auch bei Chamäleons ausreicht, um bei gleichzeitiger regelmäßiger UV-B-Bestrahlung sowohl Hypervitaminosen als auch Hypovitaminosen bezüglich Vitamin D dauerhaft effizient vorzubeugen. Die Kenntnis des Gewichtes der zu versorgenden Tiere ist für die Berechnung der sinnvollen Dosis überaus wichtig. Beim Ermitteln der nötigen Verdünnung und Dosierung des jeweiligen Präparates kann man davon ausgehen, dass ein Tropfen der Menge von 50 µl (= 0,00005 l) entspricht und sich so das Verdünnen und Verabreichen vereinfachen. Am sinnvollsten tropft man die benötigte Menge auf zwei Portionen pro Woche verteilt, dem Tier direkt ins Maul oder auf eine per Pinzette sofort zu verabreichende Futterportion. Diese Angaben gelten für flüssige Vitaminpräparate. Nach persönlichen Erfahrungen wird Vitamin D_3 aus pulvrigen Supplementpräparaten zwar durchaus, jedoch nur sehr schlecht vom Reptilien- oder Amphibienkörper aufgenommen, so dass nicht nur erheblich höhere Dosierungen nötig sind, sondern auch eine Überdosierung kaum zu befürchten ist. Gaben von Vitamin A sind in der terraristischen Praxis ebenso empfehlenswert wie die Verabreichung von Vitamin D, da Mangelerscheinungen nicht selten auftreten und viele Futterinsekten nur geringe Mengen dieses wichtigen Vitamins enthalten. Folgen eines akuten Vitamin-A-Mangels sind Augenschwellungen, Häutungsprobleme sowie Funktionsstörungen von Leber und Niere. Die handelsüblichen Multivitaminpräparate enthalten leider meist extrem viel Vitamin A und die Überdosierung dieses Vitamins kann zu ernsten Gesundheitsschäden bei Reptilien führen. Hauptsymptom einer A-Hypervitaminose ist die explosionsartige Häutung, die mehrmals pro Woche stattfinden kann und manchmal so weit geht, dass die Lederhaut freiliegt und es zu einer Symptomatik kommt, die einer Verbrennung dritten oder vierten Grades gleichkommt. Diese Tiere sind nicht mehr zu retten. Bei Chamäleons stehen zusätzlich Ödembildungen im Kopf und Halsbereich im Verdacht, in einigen Fällen auf Vitamin-A-Überdosierungen zurückführbar zu sein. Dosierungsrichtlinien für Vitamin A bei Reptilien sind bisher wenig definiert, es sei aber zur Vorsicht geraten und eine der D_3-Gabe ähnliche Dosierung empfohlen, nicht zuletzt, da sich für Landschildkröten ein Vitamin-A-Bedarf von 150 IE pro kg und Woche als sinnvoll erwiesen hat Die für Säuger und Vögel etablierte Faustregel, Vitamin A in zehnfacher Dosierung von Vitamin D_3 zu geben, scheint für wechselwarme Wirbeltiere jedenfalls nicht zu gelten. Generell scheint der Bedarf bei Reptilien niedriger zu liegen als bei Warmblütern und die in der Vogelhaltung als etabliert geltende Dosierung löst bei vielen Reptilien bereits Überdosierungssymptome aus. Unterschiedliche Reptilienarten haben jedoch im Detail auch einen unterschiedlichen Bedarf, was bedeutet, dass Tiere mit geringem Bedarf ihre Speicher schneller gefüllt haben und somit viel schneller Vergiftungserscheinungen aufweisen als solche mit einem größeren Bedarf. Ein bekanntes Beispiel hierfür ist ein reduzierter Vitamin-A-Bedarf von Land- gegenüber jenem von Wasserschildkröten. Symptome von Vitamin-A-Überdosierung werden leider oft beobachtet. Vor allem wohl wegen der ungünstigen Zusammensetzung vieler Multivitaminpräparate, die oft der Faustregel für Warmblüter folgen, dass der Vitamin-A-Bedarf ca. 10-mal höher ist als jener für Vitamin D. Viele Multivitaminpräparate für Reptilien sind nämlich lediglich umettiketierte Präparate aus der Vogel- und Säugerpflege und enthalten daher mehr Vitamin A, als für ihre Anwendungen bei Reptilien sinnvoll wäre. Lediglich bei hauptsächlich mit Wirbeltieren gefütterten Reptilien, die vorzugsweise mit lange gelagerter und dadurch an Vitamin E verarmter Tiefkühlnahrung gefüttert wurden, kann es jedoch zu Mangelerscheinungen kommen. Eine Kategorie, in die Chamäleons keinesfalls fallen. Appetitlosigkeit, Verfettung und Apathie können als Verdachtssymptome für Vitamin-E-Mangel, die eine Gabe auch bei Chamäleons empfehlenswert machen können. Schlupfprobleme bei den Nachzuchttieren können ebenfalls manchmal durch erhöhte Gaben von Vitamin E gemindert werden. Zahnfleischbluten bei Krokodilen wurde schon wiederholt erfolgreich durch Gabe des an der Regulation der Blutgerinnung beteiligten Vitamin K behandelt. Aus der Papageienhaltung ist ferner bekannt, dass Vitamin K helfen kann, stressbedingten Organschäden vorzubeugen. Überdosierungen dieser beiden letzten fettlöslichen Vitamine führen in der Praxis in der Regel nicht zu gefährlichen Schäden. Da beide Vitamine in Leber und Fettgewebe gespeichert werden, empfiehlt es sich, sich bei den Dosierungen zumindest grob an die Angaben der jeweiligen Supplementhersteller zu halten.

Die nicht fettlöslichen Vitamine (B, C, H) können Terrarientieren durchaus in längeren Perioden verabreicht werden. Eine Überdosierung hat nur bei extremen Dosierungen negative gesundheitliche Folgen und die vorbeugende Gabe verhindert das Entstehen von Schäden durch entsprechende Vitaminmangelsituationen im Futter. Am sinnvollsten verabreicht man diese Vitamine als Mischung in der vom jeweiligen Hersteller der entsprechenden Präparate angegebenen Dosierung. Die wasserlöslichen Vitamine sind aus Pulvern praktisch ebenso gut bioverfügbar wie aus Flüssigpräparaten. Eine genaue Aufschlüsselung aller wasserlöslichen Vitamine führt zu einer beachtlichen Zahl von Verbindungen. Vor allem hinter dem Begriff Vitamin B verbirgt sich gleich eine ganze Gruppe von Substanzen, deren wichtigste Vitamine B_1 (Thiamin,) B_2 (Riboflavin), B_3 (Nicotinamid), B_4 (Cholinchlorid), B_5 (Panthothensäure) B_6 (Pyridoxin), B_9 (Folsäure) und B_{12} (Cobaldamin) repräsentieren. Alle diese Vitamine sind Kofaktoren von Enzymen, die der Wirbeltierkörper nicht selber herstellen kann und erfüllen als solche durchaus spezifische und auch unterschiedliche Rollen. Rein anhand der Symptome, die bei Mangelerscheinungen auftreten, kann man nur schwer eingrenzen, an welchem B-Vitamin es im Einzelfall mangelt. Daher, und nicht zuletzt auch, da B-Vitamine im Heimtiermarkt in der Regel nur als Mischungen erhältlich sind, empfiehlt es sich, im Mangelfall ebenso wie zur Vorbeugung, eine Mischung dieser Vitamine zu verabreichen. Vitamin-B-Mangel ist oft nicht allein auf die Ernährung, sondern auch auf andauernde Stresssituationen (z. B. Parasitosen) zurückzuführen. Symptome sind z. B. bei Reptilien der gefürchtete Zitterkrampf, generelle Abmagerung, Bewegungsstörungen, Appetitlosigkeit und Durchfälle. Vitamin H (Biotin), auch als Vitamin B_7 oder B_8 (im französischen Sprachraum) bezeichnet, ist ebenfalls Bestandteil der meisten Vitaminmischungen und vor allem wichtig für gesundes Wachstum der Haut und ihrer hornigen Produkte. Mangelsituationen manifestieren sich daher vor allem in Glanzverlust auch frisch gehäuteter Tiere, brüchigen Krallen, aber auch in Apathie und in Einzelfällen mit Entzündungen der Zunge. Vitamin C (Ascorbinsäure) ist ein Antioxidanz und hat vielfältige Aufgaben im Körper. Bei Reptilien hilft es offenbar auch, im Winterschlaf die Gewebe vor Schäden durch zu niedrige Sauerstoffversorgung zu bewahren.

Gesunde Reptilien und Amphibien können dieses Vitamin körpereigen produzieren, brauchen also keine Vitamin-C-Zufuhr von außen. Da ein Überschuss nicht schadet und bei geschwächten Individuen vielleicht doch sinnvoll ist, enthalten die meisten Vitaminmischungen dennoch auch dieses Vitamin.

Aminosäuren

Sämtliche Proteine aller Lebewesen entstehen im Körper durch das Aneinanderheften von Aminosäuren. Zwar findet man in den Proteinen mancher Organismen gehäuft ganz spezielle Aminosäuren oder spezielle Modifikationen von Aminosäuren, doch generell spielen in der ganzen Lebewesenwelt letztlich nur zwanzig verschiedene Aminosäuren die tragende Rolle.

Die meisten dieser zwanzig Aminosäuren kann der Stoffwechsel jedes Lebewesens selbst aus einfachen Grundbausteinen herstellen. Doch fast alle höher entwickelten Lebensformen haben diese Fähigkeiten für einen Teil der zwanzig Aminosäuren verloren. Meist handelt es sich dabei um Aminosäuren, die sie problemlos in der nötigen Menge aus ihrer natürlichen Nahrung gewinnen können und nun auch müssen. Da das Vorhandensein dieser nicht körpereigen herstellbaren Aminosäuren in der Nahrung überlebenswichtig ist, bezeichnet man sie als essentielle Aminosäuren. Welche Aminosäuren essentiell sind, ist zwischen verschiedenen Lebewesengruppen verschieden. Für den Menschen sind es beispielsweise Valin, Methionin, Leucin, Isoleucin, Phenylalanin, Tryptophan, Threonin und Lysin. Bei Tieren in menschlicher Obhut kann ein Mangel an essentiellen Aminosäuren auftreten, sofern sie nicht in ausreichender Menge in der Ersatznahrung vorhanden sind. Manche Supplemente enthalten daher auch Anteile für die Zieltiergruppe essentieller Aminosäuren, um so eine eventuelle diesbezügliche Fehlernährung kompensieren zu helfen.

Aus dem bisher Gesagten geht klar hervor, dass es bei der Verabreichung von Ergänzungsfuttermitteln, die fettlösliche Vitamine enthalten, ratsam ist, vor allem den D_3- ebenso wie den Vitamin-A-Gehalt der verwendeten Produkte mit dem ermittelten Gewicht der Tiere zur Grundlage der Berechnung exakter Dosierungen heranzuziehen und diese Vitamine in kontrollierter Form, zusammen mit einem damit aufgewerteten Futtertier per Pinzette anzubieten.

Es gibt inzwischen eine ganze Reihe für unsere Zwecke geeigneter Vitamin/Mineralstoffmischungen auf dem Markt und jeder erfahrene Terrarianer hat seine eigenen Erfahrungen und daraus resultierende Empfehlungen.

Der Erstautor erhielt vor einigen Jahren die Gelegenheit, sich von einer Futtermittelfirma Vitamin/Mineralstoffpräparate nach eigenen Vorstellungen zusammenmischen zu lassen. Er hat diese inzwischen unter dem Handelsnamen Herpetal® vertriebenen Produkte mittlerweile seit zwei Jahren im Einsatz und sie haben sich auch bei der Versorgung von Chamäleons sehr bewährt. Zur Grundversorgung eignet sich eine Bestäubung jeglicher Futtertiere mit einer 2 : 1-Mischung aus den Produkten Herpetal® Complete T und Herpetal® Mineral +D_3. Bei Freilandhaltung oder reichlicher UV-B-Bestrahlung kann man letzteres durch Herpetal® Mineral ohne Vitamin D_3 ersetzen. Bei akutem Mineralmangel empfiehlt es sich, allein mit Herpetal® Mineral (je nach Beleuchtung mit oder ohne D_3) zu bestäuben und die Vitamine über das gut dosierbare Herpetal® Multivit zu verabreichen.

Wie bereits angedeutet, ist diese Vorgehensweise nur eine von etlichen sinnvollen Möglichkeiten zur Vitamin- und Mineralstoffversorgung der Chamäleons, sie sei hier beispielhaft angeführt, da sie sich beim Autor als einfach im Handling, gut in der Akzeptanz bei den Tieren und effektiv in der Vorbeugung und Therapie von Mangelerscheinungen gezeigt hat.

Erwerb der Chamäleons

Für den verantwortungsbewussten Terrarianer sollte es selbstverständlich sein, vor dem Erwerb der Tiere, die Frage der Unterbringung und langfristigen Versorgung ebenso geklärt, wie den eigenen Kenntnisstand betreffs der Ansprüche der Tiere aktualisiert zu haben. Erst wenn das Terrarium fertig eingerichtet und eine Futterquelle zur Hand ist, sollte man den Chamäleonkauf angehen.

Gerade in letzter Zeit sind wieder zunehmend Wildfänge von Chamäleons im Handel erhältlich. Zur Blutauffrischung bei erfahrenen Züchtern hat der Erwerb solcher Tiere durchaus seine Berechtigung. Dem Anfänger sei jedoch dringend davon abgeraten. Diese Tiere tragen nahezu immer Parasiten in sich, sind durch den langen Transport gestresst und oft dehydriert und reagieren ängstlich oder aggressiv auf die, für sie ungewohnte neue Umgebung. Ohne kompetente tierärztliche Unterstützung sind die meisten dieser Tiere Todeskandidaten, so kräftig und farbenfroh sie beim Kauf auch aussehen mögen. Weitaus sinnvoller ist es, Nachzuchten zu erwerben, die gerade vom Jemen- und Pantherchamäleon problemlos verfügbar sind und in der Regel frei von Parasiten und an die üblichen in der Terraristik verwendeten Futtertiere gewöhnt sind. Im Zoohandel kosten solche Tiere oft ein Vielfaches des Züchterpreises und man kennt weder die bisherigen Haltungsbedingungen, noch kann man die Elterntiere in Augenschein nehmen. Vorzuziehen ist daher in jedem Fall der Erwerb direkt beim Züchter. So erfahren die Tiere nur ein Mindestmaß an Ortswechsel und damit Stress. Zudem kann man sich ausführlich über die bisherige Haltung informieren und sieht dabei auch noch meist die Elterntiere. Diese geben vor allem einen Eindruck davon, wie sich die gerade erworbenen Tiere später wahrscheinlich entwickeln werden. Sowohl bei erwachsenen Jemen- wie auch bei Pantherchamäleons unterscheiden sich die Tiere je nach Herkunft der Vorfahren (Pantherchamäleon und Jemenchamäleon) oder Zuchtstamm (Jemenchamäleon) nämlich beträchtlich bezüglich Größe und Färbung. Diese Unterschiede sieht man den Jungtieren in der Regel noch nicht an. Bei Pantherchamäleons

Tiere mit Schwellungen sollten ebenso ...

gehen die Unterschiede so weit, dass sich Tiere verschiedener Herkunftsgebiete oft nicht einmal fruchtbar miteinander verpaaren können. Es ist also in jedem Fall sinnvoll, die Elterntiere und deren Herkunft zu kennen, wenn man solche Tiere erwirbt. Züchteradressen findet man im Internet (z. B. unter Reptilienserver.de; terraristik.com; Agamen.de) oder im Anzeigenjournal der Deutschen Gesellschaft für Herpetologie und Terrarienkunde (DGHT-Geschäftsstelle; Postfach 1421; 53351 Rheinbach; E-Mail: gs@dght.de). Innerhalb der DGHT gibt es auch eine AG Chamäleons, deren Mitglieder ebenfalls laufend Nachzuchten abzugeben haben (aktuelle Kontaktadresse jeweils über die DGHT-Geschäftsstelle erfragen).

Meist wird man vom Züchter kleinere Jungtiere erhalten. Hier gilt es darauf zu achten, nur Tiere zu kaufen, die bereits mindestens zwei, besser drei Monate alt sind. Noch jüngere Chamäleons sind oft so stressempfindlich, dass bereits ein längerer Transport oder ein Umsetzen ihren Tod herbeiführen kann. Gerade für Anfänger ist es ratsam, möglichst große Jungtiere zu erwerben, da die Aufzucht ganz kleiner Tiere erheblich höhere Ansprüche stellt.

Auch sollte man möglichst nur völlig gesunde Tiere erwerben, da die Therapie von Erkrankungen bei Chamäleons ein ernsthaftes Problem darstellt.

Wie nun aber erkennt man ein gesundes Chamäleon? Nun, ein Geheimrezept dafür gibt es nicht, wohl aber eine Reihe von Anhaltspunkten:

... wenig erworben werden wie dehydrierte oder unterernährte Chamäleons

Gesunde Chamäleons, vor allem Jungtiere, sind lebhafte Echsen, die viel umherlaufen. Sitzen sie still, sind doch ihre Augen ständig in Bewegung und fixieren alles, was sich in ihrer Nähe abspielt.

Ihre Farben sind kräftig, die Haut faltenlos und frei von Häutungsresten.

Beim Laufen wird der Bauch deutlich über den Ast oder Bodengrund gehoben und schleift nicht darauf. Die Gliedmaßen zittern nicht, wobei aber ein kräftiges Vor- und Zurückschwanken in der Bewegung zum normalen Verhalten verunsicherter Chamäleons zählt.

Die Augen stehen prall aus den Augenhöhlen hervor und es sind keine tiefen Rillen zwischen der knöchernen Augenhöhle und dem Auge zu sehen (allerdings ziehen manche Chamäleons unter Stress die Augen etwas in die Augenhöhlen zurück. In Ruhe gelassen, stehen sie aber bald wieder prall hervor).

Die Beckenknochen dürfen nicht spitz hervorstehen, die Kloakalregion muss sauber sein und der Körper prall, aber nicht aufgebläht.

Chamäleons rollen in Ruhe ihren Schwanz schneckenförmig ein. Schlapp herabhängende Schwänze sind ein Alarmsignal.

Die Gelenke der Tiere müssen unauffällig sein und keinesfalls knotig aufgetrieben.

Ruhende Chamäleons zeigen ein eher einfaches Farbkleid. Ein Chamäleon, das auch in Ruhe oder beim Schlafen seine leuchtendsten Farben zeigt, ist in der Regel ein Todeskandidat und hat nur noch wenige Tage zu leben.

Nicht gestresste junge Chamäleons sind immer hungrig. Vom Züchter ins Becken gegebene Insekten sollten die Aufmerksamkeit der Tiere wecken und in der Regel den Zungenschuss auslösen.

Erfüllt das Chamäleon Ihrer Wahl all diese Kriterien, so sind die Chancen groß, dass sie sich ein gesundes Tier ausgewählt haben. Nicht zuletzt sollten Sie Ihr Augenmerk auf die Haltungsbedingungen der Elterntiere und Jungtiere beim Züchter richten. Sind die Terrarien sauber? Sehen die Elterntiere ebenso gesund aus wie ihre Nachkommen?
Wenn ja, steht einem Kauf nichts mehr im Wege. Dabei sind übrigens verheilte oder gut versorgte Verletzungen und Narben der Elterntiere durchaus kein Hinderungsgrund. Jeder Verpaarungsversuch von Chamäleons kann mit

Bei Erregung flachen Jemenchamäleons sich ab und präsentieren sich in einer charakteristischen punktierten Färbung

Beißereien dieser aggressiven Einzelgänger einhergehen und nicht immer kann man schnell genug eingreifen. Es kommt daher gerade bei älteren Zuchttieren trotz aller Vorsichtsmaßnahmen gar nicht mal so selten vor, dass sie Bissnarben oder gar abgebissene Schwanzspitzen aufweisen.

Krankheiten

Oft ist es sehr schwer bei einem Chamäleon Symptome einer Krankheit zu erkennen. Das hat sicher viel mit der, den Tieren eigenen Behäbigkeit zu tun. Tritt tatsächlich der Fall ein, dass man als Halter Auffälligkeiten an seinem Tier bemerkt, sollte man sich der Tatsache bewusst sein, dass es sich unter Umständen um die berühmte Spitze eines Eisberges handelt und die Krankheit schon weiter fortgeschritten ist als man selber annimmt. Den meisten Chamäleonhaltern ist bestimmt schon solch eine Fehleinschätzung unterlaufen und ein „gesundes“ Tier lag morgens tot im Behältnis. Das Geheimnis liegt darin, das Verhalten seiner Tiere so gut zu kennen, dass man normales Verhalten von abnormem Verhalten möglichst früh unterscheiden kann. Schwierig wird es dann, dieses Verhalten zu gewichten. „Handelt es sich um eine bedrohliche Erkrankung oder kann ich selbst etwas unternehmen.“

Grundsätzlich eignen sich Chamäleons nicht als medizinische „Versuchstiere“, ein Herumdoktern und Hoffen macht sich bei diesen Tieren nie bezahlt und endet meist mit ihrem Tod. Ein Besuch bei einem Tierarzt, der sich mit Reptilien beschäftigt, ist angezeigt, wenn man eine Krankheit bei seinen Tieren vermutet. Oftmals ist es schwierig, einen solchen Tierarzt zu finden. Es empfiehlt sich, auf jeden Fall einen Tierarzt zu suchen, solange man noch keinen braucht. Im Falle einer Notsituation sollte man schon wissen, wohin man sich wenden kann. Ebenso ist es empfehlenswert sich seinen Tierarzt vorher anzuschauen. Eine vertrauensbildende Maßnahme kann es sein, sein gesundes Tier durchchecken zu lassen. Auf diese Weise merkt man schnell, ob man dem Tierarzt seine Tiere anvertrauen möchte. Es gibt Tierarztlisten im Internet, trotzdem ist eine persönliche Empfehlung durch einen Halterkollegen jeder Liste vorzuziehen. Leider gibt es keine genauen Qualifikationen, die einen Tierarzt dazu berechtigen, auf solch einer Liste zu erscheinen.

Häutungsprobleme

Jemen- und Pantherchamäleons häuten sich meist fetzenweise. Es dauert vor allem bei ausgewachsenen Exemplaren oft mehrere Tage bis zum völligen Abschluss der Häutung. Probleme bei der vollständigen Häutung können immer wieder einmal auftreten. Meist reicht es dann, an den betroffenen Stellen mit einer Pinzette etwas nachzuhelfen. Ge-

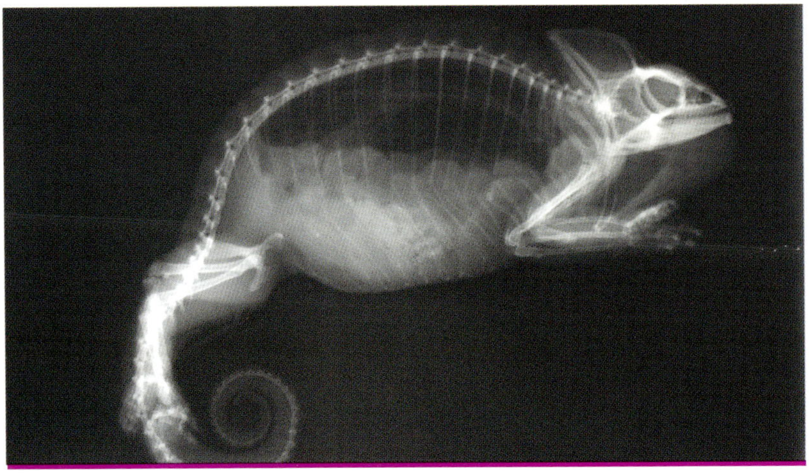

Chamaeleo calyptratus mit präovulatorischer Legenot

gebenenfalls nachdem man vorher den entsprechenden Hautbereich mit etwas Fettcreme aufgeweicht hat. Bei Häutungsschwierigkeiten jeder Art ist dennoch grundsätzlich eine erhöhte Aufmerksamkeit des Halters gefordert, denn bei Chamäleons sind, wie bei den meisten Reptilien, Häutungsschwierigkeiten sehr häufig ein Symptom einer anderen, oft systemischen Krankheit. Diese Krankheiten können die inneren Organe, wie beispielsweise Nieren und Leber betreffen, mangelhafte Häutung kann aber auch auf Haltungsdefizite hinweisen. Häufig ist die Luftfeuchtigkeit zu niedrig. Hierfür ist es wichtig, genau zu wissen, aus welchem Biotop und aus welchem Klimabereich die gehaltenen Tiere kommen. Hochlandtiere beispielsweise benötigen eine ganz besondere Haltung. Die größte Gefahr bei Häutungsproblemen bilden nicht gehäutete Beine. Hierbei kommt es zu Verengungen im Bereich der Beine durch Ringe nicht gehäuteter Haut. Diese können die Extremität derart abschnüren, dass der Blutfluss völlig unterbrochen wird und das Bein abstirbt. Besonders bei Chamäleons ist ein Augenmerk auf die Krallen der Füße zu legen, denn hier kommt es gelegentlich zu behandlungswürdigen Pilzinfektionen, erkennbar durch das Ausfallen der Krallen.

Chamäleons häuten sich in der Regel in Fetzen

Sollten Sie ein Tier haben, bei dem die Häutung verzögert oder unvollständig abläuft, ist es wichtig, das entsprechende Tier einige Tage genau zu beobachten, um sicherzugehen, dass es nicht zu Verhaltensauffälligkeiten kommt. Schnelle Hilfe bietet in diesem Fall das Einsprühen der Hautfetzen mit Wasser. Wenn sich diese vollgesaugt haben, werden sie wieder elastisch und können meist problemlos mit einer Pinzette entfernt werden. Wiederholt sich so etwas, ist der Besuch eines Tierarztes anzuraten.

Ausstülpen des Augapfels

Für nicht mit den Verhaltensweisen von Chamäleons vertraute Personen sieht dieses Verhalten ziemlich erschreckend aus: Das Tier „ploppt“ gewissermaßen den Augapfel nach außen in das Lid, rollt ihn oft intensiv hin und her und reibt das Auge an Ästen und anderen Gegenständen. So dramatisch das aussieht, so harmlos ist dieses Verhalten meist. Chamäleons tun das, um die Häutung im Augenbereich komplett ablaufen zu lassen und um kleinere, durch die Lidspalte eingedrungene Fremdkörper loszuwerden. Nur wenn dieses Verhalten mehrere Tage hintereinander häufig ausgeführt wird, ist ein Tierarztbesuch anzuraten, da sich dann möglicherweise ein hartnäckigerer Fremdkörper unter dem Lid eingenistet hat.

„Niesen“

Auch hierbei handelt es sich nicht um eine

Krankheit, sondern um die Ausscheidung überschüssiger Salze durch die so genannte Hardersche Drüse. Dieser Prozess findet vermehrt statt, wenn dem Körper nicht genug Flüssigkeit zur Salzausscheidung über die Nieren zur Verfügung steht. Intensive Krustenbildung ist daher ein Hinweis auf mangelnde Flüssigkeitszufuhr und sollte vom Pfleger entsprechend beantwortet werden.

Symptome

Es gibt Besonderheiten in Verhalten und Aussehen der Chamäleons, die hier kurz erwähnt und entsprechend gewichtet werden sollen.
Betrachtet man das Tier im Terrarium, dann gilt ein Augenmerk der Bewegung und der Aktivität des Tieres.
Ein gesundes Chamäleon bewegt sich gleichmäßig, gelegentlich auch vor und zurückwippend.
Es greift langsam, aber sicher und koordiniert. Der Schwanz ist entweder aufgerollt oder er greift zur Absicherung.
Die Färbung ist arttypisch und weist keine permanent dunklen Flecken oder Flächen auf.
Die Atmung erfolgt unauffällig, und die Augen bewegen sich unabhängig voneinander.
Die Nahrungsaufnahme erfolgt durch den Zungenschuss. Die Zunge wird schnell und vollständig wieder in die Maulhöhle zurückverlagert.

Im Folgenden sollen einige Anzeichen aufgezählt werden, bei deren Auftreten der Halter ohne größeren Zeitverlust einen Tierarzt aufsuchen sollte. Zeit ist grundsätzlich bei der Behandlung von Chamäleons ein sehr wichtiger Faktor. Die meiste Zeit verstreicht in der Regel vom Auftreten der Erkrankung bis zu deren Entdeckung. Danach kann ein Tag schon zu lange sein. Ein sofortiger Tierarztbesuch sollte bei folgenden Symptomen erfolgen:

- deutlich hervortretende Beckenknochen, stark faltige Haut
- herabhängender Schwanz
- deutlich verfärbte Hautbereiche
- Zungenschussschwäche
- eingefallene oder stark heraustretende Augen
- deutlich sichtbares Atmen mit geöffnetem Maul (allerdings bei trächtigen Weib chen ab und zu zu beobachten und normal)
- Schleimabsonderung aus dem Maul
- permanentes Sitzen auf dem Boden in dunkler Färbung

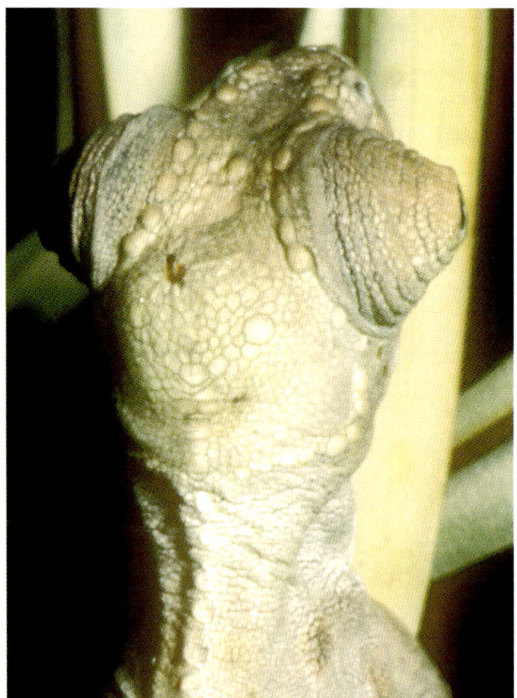

Junges Pantherchamäleon mit auffälligen Augenpartien

Auch den Kot seines Tieres sollte man sich regelmäßig ansehen, vor allem um ein Gefühl dafür zu entwickeln, wie normaler Kot aussieht und riecht. Dies ist ein wichtiger Indikator für die Gesundheit des Pfleglings. Parasitäre Erkrankungen gehören zu den häufigsten Erkrankungen von Reptilien in Gefangenschaft. Manche Parasiten machen sich bereits durch eine Veränderung des Geruches frischen Kotes bemerkbar. Vor allem stark riechender Kot ist immer ein Alarmzeichen und sollte in jedem Fall eine Kotuntersuchung nach sich ziehen. Eine solche sollte auch bei jedem Tierarztbesuch die Regel sein. Vor allem ist dringend zu raten, eine Kotuntersuchung auch bei der Erstuntersuchung eines Neukaufes durchführen zu lassen.

Rechtliche Grundlagen der Chamäleonhaltung in Deutschland

Sämtliche „Echten" Chamäleons und die Vertreter der Gattung *Brookesia* zählen zu den besonders geschützten Tierarten und ihre Haltung unterliegt daher in der Bundesrepublik Deutschland einigen Einschränkungen.
Deshalb ist es notwendig, sich an dieser Stelle zumindest ansatzweise mit den die Anschaffung, Haltung und Zucht von Panther- und Jemenchamäleons betreffenden Regelungen vertraut zu machen.
Trotz einer 1997 erfolgten Revision des Artenschutzrechtes, mit dem Ziel, das Regelwerk zu vereinfachen und den Tierhalter zu entlasten, existieren nach wie vor umfangreiche gesetzliche Bestimmungen zum Umgang mit artengeschützten Tieren. Für detaillierte Informationen zum Artenschutzrecht wendet man sich am besten an das zuständige Regierungspräsidium bzw. die Naturschutz- oder auch Untere Landschaftsbehörde.
Wichtig für den angehenden Chamäleonhalter ist es jedoch vor allem zu wissen, dass Jemen- und Pantherchamäleons gemäß der Bundesartenschutzverordnung einer Meldepflicht unterliegen. Das heißt, jeder Halter muss Anzahl, Art, Geschlecht (soweit bekannt) und gegebenenfalls besondere Kennzeichen der gehaltenen Tiere der zuständigen Unteren Naturschutzbehörde umgehend nach der Anschaffung melden. Von dort erhält man auch die nötigen Vordrucke für die Meldungen.
Außerdem muss der Besitzer die legale Herkunft seiner Tiere nachweisen können. Daher sollte sich jeder Chamäleonkäufer schriftlich bestätigen lassen, dass Elterntiere und Nachzucht bei der zuständigen Behörde ordnungsgemäß gemeldet sind und aus einem legalen Zuchtstock stammen, oder dass – bei Wildfängen – eine Einfuhrgenehmigung vorliegt, deren Nummer man sich unbedingt auf der Rechnung bestätigen lassen sollte.
Der Gesetzgeber schreibt im Übrigen auch vor, dass Chamäleons nur dann abgegeben werden dürfen, wenn der Empfänger über Unterbringung, Ausrüstung und erforderliche Praktiken für eine artgerechte Unterbringung gemäß der Mindestanforderungen ausreichend unterrichtet ist!
Der Umfang der Regelwerke mag auf den ersten Blick abschreckend wirken. In der Praxis muss der Besitzer von Jemen- oder Pantherchamäleons jedoch lediglich darauf achten, die erwähnten Nachweise zu besitzen und jede Änderung des Tierbestandes unverzüglich per ausgefülltem Vordruck der zuständigen Behörde zu melden.

Rechtliche Grundlagen der Chamäleonhaltung in der Schweiz

Entsprechend den Artikeln 39 und 40 der Tierschutzverordnung ist die Haltung aller Chamäleons bewilligungspflichtig.
Für die Haltung von *Chamaeleo calyptratus* wird zur Erteilung der Haltebewilligung keine

Expertise durch einen Spezialisten verlangt, für alle anderen Arten, also auch *Furcifer pardalis* ist diese jedoch notwendig. Beurteilt werden die artgerechte Unterbringung und sichere Versorgung des Chamäleons mit geeignetem Futter (eigene Futtertierzucht) sowie die Sachkenntnisse des Antragsstellers.
Gesuche zur Haltebewilligung sind an das zuständige Veterinäramt des Wohnkantones zu richten und die Bewilligung sollte vor der Anschaffung des Chamäleons eingeholt werden.

Terrarienpflege und allgemeine Hygiene

Chamäleons sind anfälliger gegen bakterielle Infektionen als viele andere Echsen.
Als Baumbewohner kommen sie zudem in Freiheit normalerweise nur sehr selten in direkten Kontakt mit dem eigenen Kot oder anderen bakterienreichen Substraten.
Darum ist der Hygiene bei der Terrarienhaltung dieser Tiere große Aufmerksamkeit zu widmen. Besonders wichtig ist es dabei, einer Anreicherung des Trinkwassers mit Bakterien vorzubeugen.
Die bedeutsamste Maßnahme dazu ist, sämtliche Kotreste auf Pflanzenteilen oder Einrichtungsgegenständen unverzüglich zu entfernen und die Stellen mit viel Wasser nachzuspülen. Andernfalls steigt das Risiko, dass das Chamäleon beim täglichen Sprühen mit Exkrementen verunreinigtes Wasser aufnimmt.
Genauso wichtig ist natürlich, dass eventuell im Terrarium befindliche offene Wasserschalen, Tropftränken und auch die Wasserreservoire von Wasserfällen täglich gut ausgespült werden und neues sauberes Wasser erhalten.
Auch längere Standzeiten von Wassersäulen in Sprühanlagen sind zu vermeiden.
Wenn eine Sprühanlage länger als zwei Tage nicht in Betrieb genommen werden soll, ist es sinnvoll, jegliches Wasser aus der Anlage zu entfernen und sie trocken stehen zu lassen. Andernfalls muss sie vor Wiederinbetriebnahme mit einer größeren Menge frischen Wassers durchgespült werden.
Für täglich mit sauberem Wasser betriebene Sprühanlagen reicht es zur Pflege jedoch, die Düsen bei beginnender Verstopfung zu reinigen und das Reservoir regelmäßig auszuspülen.
Generell sollte man auch ein Wasserreservoir niemals auffüllen, ohne es zuvor vollständig entleert zu haben.
So vermeidet man längere Standzeiten größerer Wassermengen und die Ansammlung von Verschmutzungen, die als Bakteriennährboden dienen.
Bei sehr großen Vorratsbehältern, in denen das Sprühwasser länger als eine Woche nicht nachgefüllt oder gewechselt wird, kann sich die Installation eines UV-C-Wasserklärers empfehlen. Solche Entkeimer sind im Aquaristikbedarf erhältlich und werden in einem kleinen Wasserkreislauf, der durch eine einfache Aquarienpumpe betrieben werden kann, dem Vorratsbehälter ganztägig zugeschaltet. Der Wasserstrom durch den Entkeimer sollte möglichst langsam erfolgen, um eine effiziente Keimabtötung zu gewährleisten.
Abgesehen von diesen höchst wichtigen Maßnahmen zur Kontrolle der Sauberkeit des Tränkwassers, ist der langjährige Betrieb eines Chamäleonterrariums nicht besonders arbeitsintensiv. Natürlich sollten Kotreste ebenso wie fallengelassene Futtertierteile nicht nur von Dekorationsgegenständen und Pflanzen, sondern auch von der Bodenoberfläche baldmöglichst entfernt werden.
Bei in unzugänglichen Ecken übersehenen Resten hilft hier zwar eine durch Beimpfen mit Walderde im Terrarium etablierte Bodenfauna und Flora, die Vermehrung schädlicher Bakterien einzugrenzen, keineswegs darf man sich aber darauf verlassen, dass die eingebrachte Kleinlebewelt das Becken schon in Eigenregie sauber halten wird. Bereits ein einziges Chamäleon erzeugt im begrenzten Lebensraum Terrarium eine viel größere Kotbelastung als im na-

türlichen Habitat und kommt viel häufiger mit nicht unmittelbar entfernten Ausscheidungen in direkten Kontakt als dort. Das Entfernen sichtbarer Kotreste gehört also in jedem Fall zu den wichtigsten Aufgaben bei der Terrarienpflege.
Werden nun noch die Pflanzen regelmäßig gegossen und bei Bedarf beschnitten oder ausgetauscht, so entspricht dies den minimalen, zum Erhalt des Terrarienlebensraumes regelmäßig auszuführenden Arbeiten.
Ein Austausch des Bodengrundes sollte nur erfolgen, wenn es zu Schimmel- oder Fäulnisprozessen oder anderweitigen größeren Verschmutzungen kommt.
Zur Vorbeugung ist es jedoch sinnvoll, zumindest die oberen paar Zentimeter Bodengrund zwei bis dreimal im Jahr abzutragen und gegen frisches Substrat auszutauschen.
Bei im Freiland platzierten bodengrundfreien Gazeterrarien kommen die Chamäleons bei Exkursionen auf den Behälterboden besonders leicht mit zu Boden gefallenem Kot in Berührung. Eine tägliche Kontrolle und gegebenenfalls Entfernung ist hier besonders wichtig. Ein anschließendes Bürsten und Abspritzen der Bodengaze mit einem Gartenschlauch entfernt dann auch letzte Reste.
Bei aller Betonung der Wichtigkeit, die Keimbelastung in Chamäleonterrarien möglichst gering zu halten, haben Desinfektionsmittel jeglicher Art bei der Terrarienreinigung dennoch nichts zu suchen. Der Schaden, den eventuelle Überreste bei der Aufnahme durch die Chamäleons anrichten können, ist weitaus größer als ihr potenzieller Nutzen.
Eine über längere Zeit sterile Umgebung ist in der Praxis im Übrigen selbst bei häufiger Anwendung von Desinfektionsmitteln ebenso wenig zu erzielen, wie sie notwendig oder wünschenswert ist.
Es reicht völlig aus, potenzielle Nährböden für gefährliche Bakterienstämme rechtzeitig zu erkennen und zu entfernen.
Neben der Kontrolle der Hygiene innerhalb des einzelnen Terrariums ist es für jeden Besitzer

Pantherchamäleons zählen zu den ruhigeren Chamäleonarten

mehrerer Terrarien natürlich ebenso wichtig, einer eventuellen Verschleppung von Krankheitserregern zwischen den verschiedenen Becken vorzubeugen.
Idealerweise sollten daher alle im Zusammenhang mit der Tierpflege benötigten Hilfsmittel, wie Pinzetten, Pipetten usw. jeweils nur für ein einziges Becken verwendet werden.
Andernfalls ist ein gründliches Abreiben mit 70%igem Alkohol nach jeder Benutzung dringend zu empfehlen.
Selbstverständlich sollte auch sein, dass der Pfleger sich bei jeglicher Hantierung in verschiedenen Becken jeweils zwischendurch gründlich die Hände wäscht.

Umgang mit den Chamäleons

Chamäleons werden im Volksglauben sowohl als freundlich als auch böse angesehen. Oft finden sich Hinweise auf Klugheit und List. So wird in der Geschichte vom Crafty Chameleon

Chamäleons sind Individualisten

gie findet sich bei SCHUSTER & SCHUSTER (2000).

Wie wohl die meisten Terrarientiere zeigen Chamäleons in der Regel keine persönlichen emotionalen Bindungen zu ihrem Halter, wie zum Beispiel ein Hund gegenüber seinem Besitzer. Von *Furcifer pardalis* konnte jedoch bei A. OCHSENBEIN beobachtet werden, dass nicht bei allen Personen aus dem Bekanntenkreis gleich unbefangen reagiert wurde. So versteckte sich ein Weibchen beim Kollegen, der während den Ferien die Tiere betreute, regelmäßig, wenn er alleine anwesend war, blieb aber in Anwesenheit der Halter ruhig und zutraulich.

von Mwene HADITHI und Adrienne KENNAWAY beschrieben, wie ein kleines Chamäleon durch eine List sowohl einen Leoparden als auch ein Krokodil besiegt. Es organisiert ein Tauziehen, bei dem die beiden Kontrahenten, in der Meinung gegen das Chamäleon angetreten zu sein, sich bis zur Erschöpfung abmühen und schließlich aufgeben. Einen Überblick über das Chamäleon in der afrikanischen Mytholo-

Chamäleons können lernen, Menschen als harmlose oder sogar positive (weil Futter bringende) Bestandteile ihrer Umgebung zu begreifen. Es scheint zudem sogar vorzukommen, dass der Pfleger als Art- und Geschlechtsgenosse und somit Rivale aufgefasst wird. Jedenfalls legt das aktiv aggressive Verhalten einiger männlicher Chamäleons gegenüber dem Pfleger dies nahe.

Jungtiere ignorieren den Pfleger oft völlig und benutzen die hingehaltene Hand ebenso bereitwillig als Klettergelegenheit wie jeden beliebigen Ast. Diese Furchtlosigkeit behalten viele Exemplare, für die der Anblick von Menschen zum normalen Tagesablauf gehört, zeitlebens bei. Muss so ein Tier umgesetzt werden, lässt man es einfach auf die vorgehaltene Hand klettern und transportiert es dann weitgehend stressfrei an den neuen Ort. Das erleichtert den Umgang mit den Tieren ungemein. Ein Jemen- bzw. Pantherchamäleon von oben zu greifen und gewaltsam von seiner Unterlage zu lösen, kann nicht nur zu Verletzungen an Schwanz und Gliedmaßen führen, sondern bedeutet immer enormen Stress für das Tier, ebenso wie das Einfangen eines scheuen Exemplars nach längerer Jagd durch das Terrarium. Nach gewaltsamem Einfangen in die Hand genommene Jemen- bzw. Pantherchamäleons zeigen übrigens manchmal ein deutlich spürbares Vibrieren des gesamten Körpers, begleitet von einem sehr leisen piependen oder je nach Größe des Tieres knurrenden Geräusch. Wie dieses offensichtliche Abwehrverhalten erzeugt wird und welchem Zweck es ursprünglich dient, ist bis heute unbekannt.

Auf Dauer unter Stress leidet aber auch ein dem Pfleger gegenüber furchtloses Tier, wenn es immer wieder ohne zwingenden Grund aus seiner Behausung herausgenommen und herumgetragen wird, auch wenn es freiwillig auf die Hand kam und vielleicht nicht einmal eine ausgeprägte Stressfärbung präsentiert.

So sinnvoll es also zur Stressvermeidung beim Umsetzen der Tiere oder bei Reinigungsarbeiten im Terrarium sein kann, die Tiere mit der menschlichen Hand vertraut zu machen, so falsch ist es, die Chamäleons regelmäßig grundlos zu handhaben.

Mit der Aussicht auf Futter kann man übrigens auch bei Chamäleons viel erreichen. Eine Situation, die die Tiere mit Futtergabe verbinden und die dementsprechend Beutesuchverhalten auslöst, dürfte für die Tiere immer frei von gefährlichem Stress sein. Auch, wenn sie eine Handhabung der Tiere mit einschließt. Die bei Ingo Kober frei im Zimmer lebenden Jemenchamäleons bekommen flugfähige Insekten nur in einem Gazeterrarium angeboten. Sie klettern daher beim Anblick dieses Behälters bereits eifrig auf jeden vorgehaltenen Gegenstand und beginnen schon, Insekten zu schießen, bevor sie ganz von der Hand oder dem Transportast auf die Behältereinrichtung gewechselt sind.

Leider bleiben nicht alle in der Jugend furchtlosen Chamäleons zeitlebens einfach im Umgang. Vor allem bei vielen männlichen Jemenchamäleons ändert sich das Verhalten dem Pfleger gegenüber, beim Eintritt in die Geschlechtsreife, sprunghaft. Vorher zutrauliche Tiere werden scheu und verstecken sich bei jedem Anblick des Pflegers. Oder aber sie fauchen und imponieren bei jeder Annäherung, ja laufen dem Pfleger sogar entgegen, um ihn mit weit geöffnetem Maul zu bedrohen. Manche Männchen zeigen diese Veränderungen nie, manche erst in fortgeschrittenem Alter, viele aber beginnend im Alter von 6–12 Monaten. Solche Tiere sollte man weitgehend in Ruhe lassen, ihr geändertes Verhalten akzeptieren und die Chamäleons nicht durch irgendwelche Zähmungsversuche belästigen.

Normalverhalten und Stresssituationen

Wie alle Chamäleons sind das Jemen- und das Pantherchamäleon ausschließlich am Tag aktiv und beide verbringen die Nacht farblich aufgehellt auf einem Ast schlafend. Die meisten Chamäleons sind selten länger als 12 Stunden am Tag aktiv. Wer abends noch etwas von seinen Tieren haben will, sollte also nicht bereits um acht Uhr das Terrarienlicht einschalten, oder besser, per Zeitschaltuhr einschalten lassen, sonst wird er feststellen müssen, dass spätes-

Außerhalb ihres engeren Territoriums umherstreifende Jemenchamäleons zeigen eine gemäßigte Erregungsfärbung, ...

daraufhin wieder in Lauerposition zurückzuziehen, sind beide Arten alles andere als inaktiv. Selbst in Ruhestellung sind zumindest die Augen in permanenter Bewegung und suchen unentwegt die Umgebung ab. Morgens suchen die Tiere einen hellen und warmen Sonnen- bzw. Strahlerplatz auf, um sich aufzuwärmen. Dabei flachen sie sich maximal ab und wenden die Breitseite der Wärmequelle zu. Durch dunkle Färbung erhöhen sie gleichzeitig ihre Wärmeaufnahmerate. Auf Betriebstemperatur gebracht, hellen sie sich wieder auf und wandern meist einige Zeit im Terrarium umher, bis sie einen geeigneten Lauerplatz gefunden haben, auf dem sie nun stundenlang verharren. Tut sich dort nichts, wird

tens um 20 Uhr alle Tiere in Ruhestellung auf den Schlafplätzen verharren. Obwohl eigentlich ein klassisches Beispiel für einen so genannten „sit and wait predator“ (Ansitz- bzw. Lauerjäger), der gut getarnt auf vorbeikommende Beute lauert, um diese dann, sozusagen aus dem Hinterhalt, überfallartig zu erbeuten und sich

später weiter im Terrarium umhergewandert, bis ein anderer geeignet erscheinender Platz gefunden wurde. Beim Umherwandern werden eifrig etwaig vorhandene Wassertropfen geleckt und die Umgebung aufmerksam beobachtet. Je nach Hungergrad und Attraktivität der Beute wird bei einer Fütterung oft der gewählte Lau-

... wohingegen sich Pantherchamäleons meist ruhig verhalten

erplatz verlassen und der Lauerjäger straft diese Bezeichnung Lügen, indem er eifrig hinter der gesichteten Beute her eilt.
Der Anblick eines unbekannten Artgenossen löst jederzeit hektische Aktivität aus. Ebenso wandern Schlüpflinge, empfängnisbereite Weibchen oder kurz vor der Eiablage stehende Tiere oft stundenlang ruhelos im Terrarium umher.
Die meisten dieser Aktivitäten sind von jeweils situationsbezogenen Änderungen des Farbmusters begleitet.
Alles in allem zeigen sowohl Jemen- als auch Pantherchamäleons, ja eigentlich fast alle Chamäleons, ganz im Gegensatz zur Volksmeinung, über den Tag verteilt eher mehr Aktivität als viele andere Echsen.
Allen Chamäleons ist es aber auch mehr als den meisten anderen Echsengruppen eigen, dass häufig wechselnde Stresssituationen ihre Gesundheit stark gefährden und im Extremfall sogar zum Tod führen können. Das gilt mit einigen Einschränkungen auch für unsere beiden Chamäleonarten.
Quellen für Stress können dabei vielfältig sein, beziehen sich aber oft auf Änderungen im Lebensumfeld.
Neu erworbene oder anderweitig „umgezogene“ Chamäleons reagieren zum Beispiel anfangs oft heftig auf Bewegungen außerhalb des Terrariums oder sogar auf ihr vages Spiegelbild in der Terrarienscheibe und zeigen dabei deutliche Anzeichen von Stress. Letztere Beobachtung hat in den USA dazu geführt, dass Terrarien mit Glasanteilen bei Chamäleonhaltern geradezu verpönt sind.
Meist gewöhnen sich gesunde Chamäleons aber rasch an häufige und immer wiederkehrende Vorgänge in ihrem Sichtbereich oder an die Re-

Rhampholeon spinosus zählt zu den stressempfindlicheren, heiklen Arten

flexionen in nur schwach spiegelndem Glas und relativieren damit letztlich die Geschichte vom immer extrem stressanfälligen Chamäleon. Immerhin stimmt, dass ungewohnte Bewegungen, Anblicke oder Berührungen auch Jemen- und Pantherchamäleons extrem stressen und sogar plötzliche Todesfälle bewirken können. Dies gilt aber vor allem für Wildfänge, lange Zeit einzeln in ruhigen Räumen lebende Exemplare und einige besonders empfindliche Individuen.

In bewohnten Räumen aufgewachsene Exemplare zeigen sich zumindest im eigenen Territorium erstaunlich stoisch gegenüber auch heftigsten Reizen außerhalb ihres Terrariums.

Ein gestresstes Chamäleon macht sich entweder ganz schmal und flach und versucht, sich hinter einem dünnen Zweig zu verstecken, oder es bläht sich im Gegenteil voll auf, zeigt kräftige, aber dunkle Farben und versucht potenzielle Angreifer mit aufgerissenem Maul und erhobenem, dem Angreifer zugewandten Vorderfuß abzuschrecken. Weibchen des Jemenchamäleons zeigen dabei oft auch eine der Trächtigkeitsfärbung (siehe Seite 85) ähnliche Musterung. Manche Situationen veranlassen die Tiere auch, die Flucht zu versuchen, auf den Terrarienboden zu springen und entlang der Scheiben nach einem Ausgang zu suchen. Für einen Baumbewohner ist jedes Aufsuchen einer offenen Bodenfläche eine Stresssituation. Auch wenn sie freiwillig eine größere Strecke auf dem Boden zurücklegen wollen, nehmen die Tiere dabei in der Regel eine für diese Situation typische gemäßigte Stressfärbung ein. Dabei treten alle Farbmusterelemente besonders kontrastreich hervor. Dunkle Musteranteile färben sich besonders dunkel, helle Anteile treten besonders deutlich hervor. Im Gegensatz zur Balz- oder Aggressionsfärbung beschränken sich z. B. Jemenchamäleons aber auf braune, graue, grüne und graue Farbtöne und auch bei den Männchen werden kaum gelbe, türkise oder blaue Farbelemente gezeigt. Meist laufen die Tiere dann rasch hochbeinig und mit aufgerichtetem entrolltem Schwanz bis zur nächsten Klettergelegenheit.

Jemenchamäleons, die von Anfang an in Gesellschaft und/oder in belebten Räumen aufgezogen wurden, gewöhnen sich in der Regel rasch an neue, aber immer wiederkehrende Situationen und es ist erstaunlich, wie oft ursprünglich als Bedrohung empfundene Ereignisse, schon bald mit stoischer Ruhe hingenommen werden. Das gilt vor allem für Ereignisse, die außerhalb ihres direkten Territoriums, des Terrariums stattfinden.

Aber trotz aller Anpassungsfähigkeit sind Jemen- und Pantherchamäleons potenziell stressempfindliche Tiere, die durch häufige Stresssituationen ernsthaften Schaden erleiden können und dauernd gestresste Tiere sind Todeskandidaten

Daher sind die Tiere nach jeder Änderung ihres gewohnten Umfelds eine Zeitlang besonders sorgfältig zu beobachten und der direkte Kontakt mit den Tieren sollte auf das notwendige Minimum beschränkt bleiben.

Chamaeleo calyptratus

Das Jemenchamäleon *Chamaeleo calyptratus* Duméril & Duméril, 1851

Systematik

Innerhalb der sechs Gattungen der echten Chamäleons (*Bradypodion*, *Calumma*, *Chamaeleo*, *Furcifer*, *Kinyongia* und *Nadzikambia*) fügt sich das Jemenchamäleon, aufgrund entsprechender morphologischer Lungen- sowie Hemipenisstrukturen, in die Gattung *Chamaeleo* und dort auch in die Untergattung *Chamaeleo* – in Abgrenzung zu *Trioceros* – ein. Sein vollständiger Name lautet daher *Chamaeleo* (*Chamaeleo*) *calyptratus*, da die Untergattung in der Regel in Klammern der Gattung nachgestellt wird. Sind Name der Untergattung und Gattung aber identisch, wird erstere oft weggelassen, so dass in diesem Fall *Chamaeleo calyptratus* die üblichste Schreibweise darstellt. Der Erstbeschreibung von Duméril & Duméril, 1851 nachfolgende und daher ungültige Synonyme für die Art sind *Chamaeleo calcaratus* und *Chamaeleo calcarifer* (beide Peters, 1870).
Neben der Nominatform *Chamaeleo calyptratus calyptratus* beschrieb Peters (1871) die Unterart *Chamaeleo calyptratus calcarifer*, die sich durch geringere Größe sowie einen kleineren Helm auszeichnen sollte. Spätere Untersuchungen der dieser Beschreibung zugrunde liegenden Museumspräparate zeigten jedoch, dass es sich dabei um Kreuzungstiere zwischen *Chamaeleo calyptratus* und *Chamaeleo arabicus* handelte. Tierarten ohne anerkannte Unterarten bezeichnet man in der Taxonomie als „monotypisch" und nach dem soeben Gesagten sollte das also eigentlich auch für das Jemenchamäleon gelten. Allerdings unterscheiden sich die wildlebenden Vertreter verschiedener Populationen des Jemenchamäleons zum Teil erheblich, was Größe, Farbenpracht, Ausprägung der sekundären Geschlechtsmerkmale und auch was das Klima des bewohnten Lebensraumes angeht. Vor allem die im Norden bis nach Saudi Arabien hinein verbreiteten Populationen unterscheiden sich so deutlich von ihren südlichen Artgenossen, dass ihr Unterartstatus eigentlich außer Frage steht. Bis heute steht zwar noch nicht fest, welchen Namen diese Unterart tragen soll, in Zukunft wird das Jemenchamäleon jedoch mit Sicherheit in mindestens zwei Unterarten aufgeteilt werden.
Es ist unklar, welcher Status diesbezüglich den

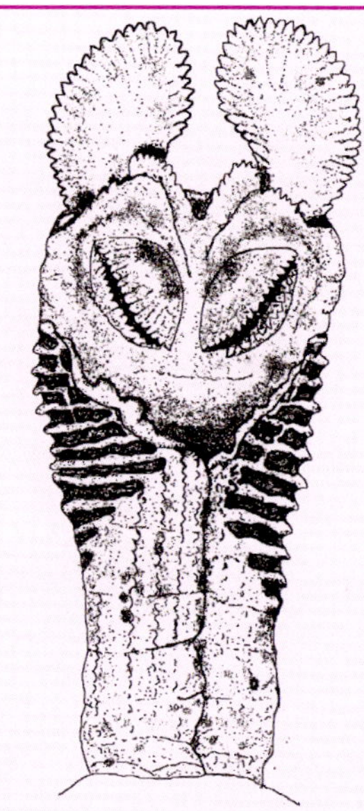

Verändert nach Klaver & Böhme (1986)

Hemipenis von *Chamaeleo calyptratus*

Synonymieliste:

1851 *Chamaeleo calyptratus* DUMÉRIL & BIBRON in DUMÉRIL & DUMÉRIL
1865 *Chamaeleo calyptratus* GRAY
1870 *Chamaeleo calcaratus* PETERS
1870 *Chamaeleo calcarifer* PETERS (nom. subst.)
1871 *Chamaeleo (Chamaeleo) calyptratus calcarifer* PETERS
1911 *Chamaeleon calcarifer* WERNER
1999 *Chamaeleo (Chamaeleo) calyptratus* NEČAS

derzeit in Terrarien gehaltenen Tieren zukommt. Angehörige verschiedener Populationen wurden in der Etablierungsphase dieser Art jedoch bunt untereinander verpaart und es gibt unter den Terrariennachzuchten daher inzwischen wohl keine Jemenchamäleons mehr, die rein auf eine Ausgangspopulation zurückzuführen oder definitiv einer Unterart zuzuordnen sind.
Da in den letzten Jahren nach längerer Pause wieder sporadisch Wildfänge von Jemenchamäleons erhältlich sind, bietet sich dem verantwortungsvollen Züchter heute jedoch die Chance, solche reinen Lokallinien neu zu etablieren. Penible Buchführung bei der Nachzucht ist dabei jedoch unerlässlich.

Name

In der älteren Literatur findet man vor allem die Herleitung des Gattungsnamens *Chamaeleo* aus dem griechischen chamai (auf der Erde, niedrig) und leon (Löwe). Die griechische Bezeichnung *chamaileon* für das europäische Chamäleon würde daher in der unmittelbaren Übersetzung soviel wie Erdlöwe bedeuten, eine eher unerwartete Charakterisierung der kleinen Reptilien. Deutet man chamai, wie z. B. oft bei der Ableitung dieses Wortstammes in Gattungsnamen von krautigen Pflanzen der Fall, jedoch im Sinne von niedrig oder auch klein, würde ein „Kleinlöwe" daraus. Da sich bedroht fühlende Chamäleons oft mit einem heftigen, gut hörbaren Fauchen zur Wehr setzen, ist eine solche Assoziation vielleicht nicht ganz so fernliegend.
Interessant ist auch die erstmals 1913 von Otto KELLER vorgeschlagene Ableitung des Gattungsnamens vom arabischen *gamal* (Kamel). Nach KELLER (1913) werden Chamäleons in Arabien auch als *gamaliun*, was dann soviel wie Kamelchen heißt, bezeichnet. Karl von LINNÉ hat nach dieser Deutung in seinem Systema naturae 1758 dann diese arabische Bezeichnung in latinisierter Form, eben als *Chamaeleo*, in die zoologische Nomenklatur aufgenommen. Zwar wird sich im Nachhinein wohl kaum endgültig klären lassen, welche Deutung die richtige ist, doch kann der gekrümmte Rücken sitzender Chamäleons mit etwas Phantasie wohl ebenso an ein Dromedar erinnern, wie das beeindruckende Abwehrfauchen an die Unmutsäußerungen verärgerter Exemplare dieser Art. Somit erscheint Kellers etymologische Ableitung des Gattungsnamens recht überzeugend.
Der Artname *calyptratus* wenigstens stammt eindeutig aus dem Griechischen und ist von dem Wort *calyptra* für Decke oder Schleier abgeleitet. Als Fremdwort wird *Calyptra* allerdings oft auch im Sinne von Haube verwendet und diese Wortbedeutung stand wohl auch dem Erstbeschreiber anhand des charakteristischen, überhöhten Helmes der Jemenchamäleons bei der Namensgebung vor Augen.
Im Englischen wird das Jemenchamäleon gemeinhin als Veiled Chameleon, also in wörtlicher Übersetzung des wissenschaftlichen Artnamens Schleierchamäleon genannt.
Die Franzosen bezeichnen das Tier als Caméléon Casqué, also Helmchamäleon (im Deutschen ist der Name Helmchamäleon bereits für *Chamaeleo* [*Trioceros*] *hoehneli* vergeben). Die Spanier nennen die Tiere wiederum schlicht Camaleón del Yemen, also Jemenchamäleon.

Verbreitung und Lebensraum

Zwar wurde das Jemenchamäleon bereits 1851 von Duméril & Duméril wissenschaftlich beschrieben, doch bestand lange Zeit Unklarheit bezüglich der Herkunft der Tiere, die der Beschreibung zugrunde lagen. Peters gab 1871 den Herkunftsort als Bembatuka an und meinte damit wohl die westmadagassische Stadt Bombetuka. Nun ist das Jemenchamäleon aber ausschließlich im südwestlichen Teil der Arabischen Halbinsel von Saudi-Arabien bis Jemen verbreitet, so dass damals vermutlich die Typusexemplare falsch etikettiert waren. Auch haben sich alle späteren Meldungen über Vorkommen auf dem afrikanischen Festland bisher nicht bestätigt und beruhen wahrscheinlich ausnahmslos auf Verwechslungen mit dem nah verwandten, aber kaum bekannten *Chamaeleo arabicus*.

Das bekannte Verbreitungsgebiet des Jemenchamäleons konzentriert sich auf die Gebirgskette entlang der West- und Südküste der Arabischen Halbinsel sowie auf die dahinterliegenden zentralen Hochebenen (Schmidt 1999; Nečas 2004). Im Gebirge beginnt die Verbreitung südlich des Al-Hijaz-Gebirges im Bereich des Asir-Gebirges in Saudi-Arabien und erstreckt sich die gesamte Gebirgskette entlang nach Süden, bis sie letztlich auch dem Knick des Gebirges entlang der Küste nach Osten, bis in die Gegend von Ta`Izz in Jemen folgt.

Die genannte Gebirgskette gehört

Der Lebensraum von *Chamaelon calyptratus* im Jemen ist relativ feucht, hier Jibjib bei Ibb

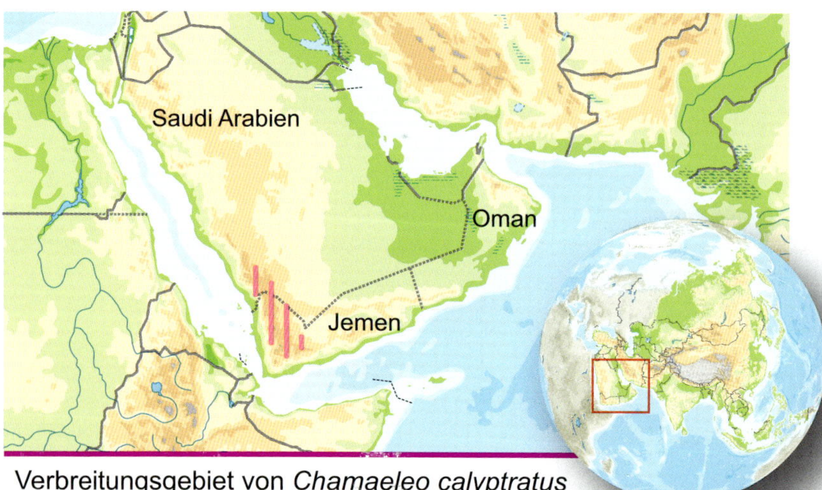

Verbreitungsgebiet von *Chamaeleo calyptratus*

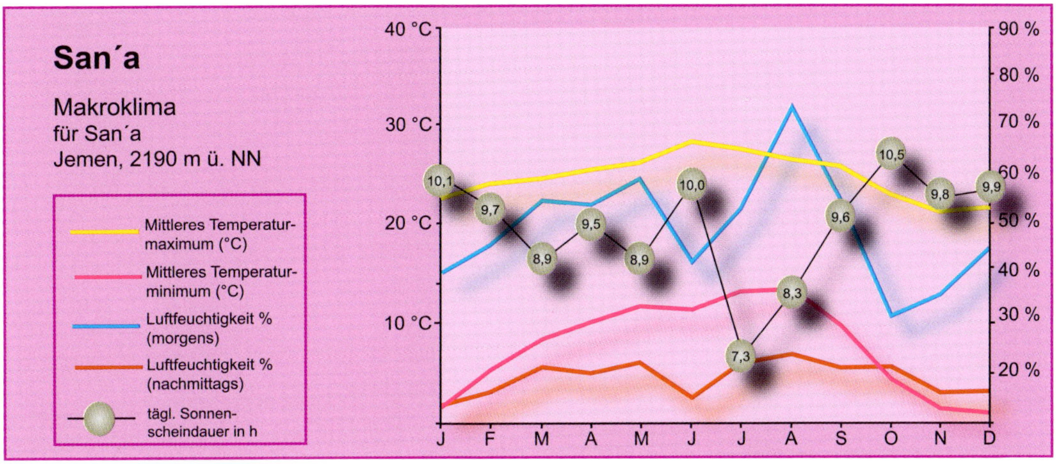

bereits zum randtropischen Sommerregengebiet und es kommt daher dort zu sommerlichen Monsunregenfällen und natürlich auch zu den besonders bei Küstengebirgen häufigen Steigungsregenfällen. Folglich ist das Klima dieser Region im Gegensatz zu den Vorstellungen, die man normalerweise mit der Arabischen Halbinsel verbindet, nahezu ganzjährig feuchtwarm mit Jahresniederschlagsmengen bis zu 2000 mm. Lediglich im Winter und im Frühsommer regnet es für wenige Wochen nicht oder selten. Im Sommer ist es in dieser Region zwar etwas kühler als in den Trockengebieten, doch erreichen die Temperaturen auch hier regelmäßig die 40-°C-Grenze. Im Winter herrschen dagegen vergleichsweise niedrige Temperaturen zwischen 20 und 25 °C am Tag. Auch die Luftfeuchte ist in dieser Jahreszeit niedriger, abends und nachts kühlt es recht stark ab.

Im zentralen Hochland (Nadjd) steigt das Thermometer im Sommer tagsüber auf bis zu 46 °C. In der Nacht kann es bis auf ca. 20 °C abkühlen. Im Winter steigen die Temperaturen auf max. 20 °C tags an und sinken nachts mitunter bis unter den Gefrierpunkt. Das mittlere Temperaturminimum liegt allerdings noch bei 7–8 °C. In den Wintermonaten (November bis Februar) kommt es zu seltenen, aber meist sehr heftigen Regenfällen.

Suq al Jumma in der Nähe von Ta`Izz, Jemen

Im natürlichen Habitat sind Jemenchamäleons stellenweise sehr häufig zu finden. Während sie in den Ästen der dicht belaubten Wälder der Gebirgshänge wenig auffallen, springen die großen bunten Tiere in der kargen Vegetation der trockeneren Bereiche ihres Verbreitungsgebietes stellenweise sehr ins Auge. Man findet die Tiere dort auf nahezu allen Gewächsen, die ihr Gewicht tragen. Von der Maispflanze, über Euphorbien bis hin zur Akazie.

Dabei meiden die Tiere durchaus nicht die Nähe des Menschen. Entlang der die Strassen begleitenden Vegetationsgürtel kann man Jemenchamäleons sogar besonders häufig antreffen.

Adulte männliche Jemenchamäleons besitzen einen ausgeprägten Helm

Seit kurzem kommt es auch zur Ausbildung sich erfolgreich vermehrender Populationen von Jemenchamäleons an Lokalitäten, die weit von ihrem eigentlichen Verbreitungsgebiet entfernt liegen. Die Gründer sind jeweils fahrlässig ausgesetzte oder entkommene Terrarienbewohner. Wenn das örtliche Klima den Tieren zuträglich ist und keine starke Bedrohung durch Fressfeinde vorliegt, kann diese anpassungsfähige Chamäleonart sich dort unter Umständen stark vermehren und durch Konkurrenz und Fressgier heimische Tierarten bedrohen. In jüngster Zeit wurden entsprechende Populationen beispielsweise in Florida und auf mehreren Hawaii-Inseln festgestellt (Masuoka 2002; Krysko et al. 2004), wo sie eine ernsthafte Bedrohung für das fragile Ökosystem darstellen.

Besondere Merkmale des Jemenchamäleons

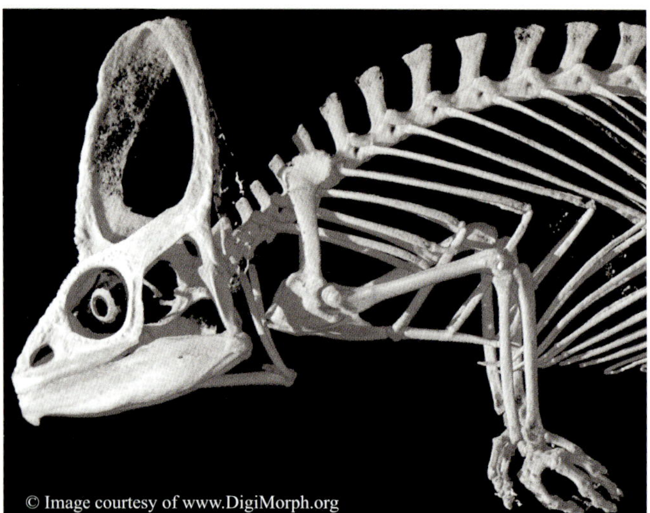

Der Helm wird durch die Knochenstruktur stabilisiert

Das Jemenchamäleon ist mit einer Gesamtlänge von maximal etwa 45 cm (Weibchen) bis über 60 cm (Männchen), bei einer maximalen KRL von fast 30 cm, eines der größten Chamäleons überhaupt. Lediglich von *Chamaeleo* (*Trioceros*) *melleri*, *Furcifer oustaleti* und vor allem *Calumma parsoni* wird regelmäßig von Einzelexemplaren berichtet, die die von Jemenchamäleons erreichbare Maximalgröße noch deutlich übertreffen. Allerdings gibt es gerade bei den Jemenchamäleons neben Populationen mit sehr großen Tieren, auch solche mit erheblich kleineren Individuen. In

Gefangenschaft sind Tiere verschiedener Herkunft inzwischen über mehrere Generationen miteinander vermischt worden und so sind Exemplare mit den oben genannten Maximalmaßen nur mehr selten in unseren Terrarien zu finden. Nachzuchttiere sind heute meist mit 30–45 cm (Männchen) bzw. 25–35 cm (Weibchen) Gesamtlänge ausgewachsen und repräsentieren damit zwar durchaus großwüchsige, aber nicht unbedingt rekordverdächtige Vertreter der Chamäleonfamilie. Das bedeutendste Merkmal des Jemenchamäleons ist der stark überhöhte Helm, der bei Männchen bis zu acht Zentimeter Höhe erreichen kann und bei Weibchen, obwohl wesentlich kleiner bleibend, auch noch prägnanter ausfällt, als bei den meisten anderen Chamäleonarten. Über die Funktion des Helmes ist viel spekuliert worden. Da er aber bei Männchen erheblich deutlicher ausgeprägt ist als bei Weibchen, ist er als sekundäres Geschlechtsmerkmal zu werten und spielt als solches sicher eine Rolle bei der Geschlechtererkennung oder beim Abschrecken von Rivalen. Sicher mag er bei der Tarnung auch strukturauflösend wirken, was z. B. Schmidt (1999) für die Hauptbedeutung hält. Dieser These steht die Tatsache entgegen, dass der Helm bei den Männchen stärker ausgeprägt ist als bei den Weibchen. Da aber für den Fortpflanzungserfolg das Überleben der Weibchen über den Tag der Befruchtung hinaus wichtiger ist als das Überleben der Männchen, müsste demzufolge der Helm der Weibchen stärker ausgeprägt sein als der Helm der Männchen.

Bei den Weibchen ist der Helm nicht so stark ausgeprägt

Am Hinterrand des Helmes finden sich zwei schmale Hautlappen, die bei Erregung leicht abgespreizt werden können. Diese so genannten Occipitallappen sind aber beim Jemenchamäleon weitaus weniger ausgeprägt, als bei vielen seiner Verwandten. Bei den Lappenchamäleons (z. B. *Chamaeleo dilepis*, *Chamaeleo quilensis*) sind diese Strukturen beispielsweise so deutlich, dass sie namensgebend wurden. Die Beschuppung der Jemenchamäleons ist uneinheitlich. Großen Plattenschuppen an Helm und Kopfseiten stehen Körnchenschuppen (granuläre Schuppen) am Rumpf, einige höckerartig vergrößerte Schuppen an Helmkante und Kopfleisten sowie die spitzen Schuppen des Kehl- und Rückenkammes gegenüber.

Die Männchen des Jemenchamäleons teilen mit mehreren nahe verwandten Arten den Besitz eines so genannten Fersenspornes, einer beschuppten weichen Vorwölbung an der Hinterkante der Hinterfüße, die den Weibchen fehlt.

Wie bei allen Chamäleons ist die Färbung des Jemenchamäleons stark stimmungsabhängig, beruht aber stets auf vielfältigen Abwandlungen eines konstanten Grundmusters, das im Folgenden kurz am Beispiel entspannt

Bei adulten Jemenchamäleonmännchen ist der Fersensporn nicht zu übersehen

ruhender Tiere beider Geschlechter beschrieben wird, aber auch auf den Fotos in diesem Buch gut zu erkennen ist.

Die Ruhefärbung der Jemenchamäleonweibchen ist ein etwas aufgehelltes Blattgrün. Von der Achsel der Vorderbeine erstreckt sich ein mehrfach unterbrochener weißer Streifen in Richtung Hinterbeinansatz (ventraler Lateralstreifen). Der erste Abschnitt dieses Streifens endet vor dem Hinterbeinansatz, aber deutlich hinter dem in Ruhe nach hinten angelegten Ellenbogen. Oberhalb davon, sind am Körper drei bis fünf etwas dunklere, oben oft leicht gegabelte Querbinden angedeutet, die etwa in der Hälfte durch weiße Flecken unterbrochen sind. Diese Flecken bilden zusammen einen zweiten unterbrochenen Längsstreifen (dorsaler Lateralstreifen). Die Querbinden können auch mehr oder weniger in einzelne dunkler grüne oder bräunliche Flecken aufgelöst oder zeitweise gar nicht zu sehen sein. Die hintere Hälfte der Lippen ist meist weiß eingefasst. Der Bauchkamm ist weißlich, der Rückenkamm kann körperfarben oder weißlich ausfallen. Manche Weibchen zeigen zusätzlich einzelne mehr oder weniger verwaschen ausgeprägte Merkmale des im Folgenden beschriebenen Ruhekleides der Männchen.

Die Männchen sind auch in Ruhe deutlich kontrastreicher gefärbt. Der erste Abschnitt des ventralen Lateralsteifens ist bei ihnen fast immer kürzer als bei den Weibchen und reicht bei angelegtem Oberarm meist nicht bis zum Ellenbogen. Die Haut zwischen den dunkleren Querbinden, die die Abschnitte der beiden Lateralstreifen tragen, ist gelblich aufgehellt und mit schwach kontrastierenden türkisfarbenen oder bräunlichen Tupfen gesprenkelt. In den dunkleren Querbinden erkennt man meist ein dunkleres wurmförmiges Muster (Vermikulation). Schwanz und Beine sind mit ähnlich gemusterten Streifen quer gebändert. Das Auge trägt von der Öffnung radial nach außen über die Augenkuppel reichende dunkle Streifen, die ein sternförmiges Muster bilden. Der Helm hat eine dunkle Vorderkante und meist einen weiteren grünlichen Streifen von der Vorderkante der Helmbasis bis zur Spitze reichend. Ein weiterer Streifen entspringt am Augenhinterrand und reicht bis zur hinteren Unterkante des Helms. Die Occipitallappen sind oft dunkel abgesetzt. Insgesamt ist aber der Kopf im Verhältnis zum Körper deutlich aufgehellt und mehr graugrün. Die Lippen können weiß eingefasst sein. Der Rückenkamm ist immer körperfarben, der Bauchkamm weißlich, der Kehlkamm kann weißlich bis kräftig orangegelb ausfallen.

Generell ist bei den Farben der männlichen Jemenchamäleons eine große individuelle Variationsbreite festzustellen. Vor allem bei dem genetischen Mix der über mehrere Generationen nachgezogenen Terrarientiere, deren Vorfahren verschiedenen Lokalpopulationen entstammten.

Terrarienhaltung

Im Kapitel „Jemen- und Pantherchamäleon im Terrarium“ wurde schon ausführlich beschrieben, wie ein Terrarium beschaffen sein sollte und welche Terrarientypen empfehlenswert sind.

Darum können wir uns hier weitgehend auf Überlegungen zur sinnvollen Größe eines solchen Behälters beschränken.

Jemenchamäleons werden unter Umständen sehr groß und dem muss bei der Planung adäquater Behausungen Rechnung getragen werden. Bei Einzelpflege eines adulten Männchens sollte eine Terrariengröße von 80 x 60 x 100 cm (L x B x H) nicht unterschritten werden. Für ein einzelnes Weibchen sind 60 x 50 x 80 cm gerade noch ausreichend. Der Erstautor hält einzelne Männchen oder Gruppen von bis zu drei Weibchen zum Beispiel dauerhaft in Terrarien von 110 x 85 x 140 cm und empfiehlt, nach Möglichkeit ähnliche oder noch größere Maße anzustreben. Bei Jemenchamäleons ist die Gruppenhaltung mehrerer Weibchen im Übrigen in vielen Fällen relativ problemlos durchführbar, sofern die Terrarien ausreichend groß sind, da auch die verträglichen Weibchen die Möglichkeit haben müssen, einen gewissen Mindestabstand untereinander einhalten zu können. Im Kapitel Haltungsformen wird erläutert, unter welchen Umständen manchmal dauerhafte Paarhaltungen von Jemenchamäleons möglich sind, aber unter einer Terrariengröße von etwa 100 x 50 x 150 cm sei schon hier dringend von jedem diesbezüglichen Versuch abgeraten.

In einem Wintergarten sind die Tiere stärker den klimatischen Schwankungen ausgesetzt

Einfluss der Jahreszeiten auf die Haltung

Im natürlichen Lebensraum der Jemenchamäleons ist es im Winter deutlich kühler als im Sommer und auch trockener. Jemenchamäleons, die man entsprechend im Winter kühler und trockener hält, leben oft länger und bleiben gesünder. Auch setzen so gehaltene Weibchen meist nur ein bis maximal zwei Gelege im Jahr ab, was ihrer Gesundheit und Lebensdauer sehr förderlich ist. Bewährt hat sich, die Wattzahl der Beleuchtung im Herbst in mehreren Schritten letztlich etwa zu halbieren, für eine besonders starke nächtliche Temperaturabsenkung zu sorgen und die tägliche Beleuchtungsdauer ebenfalls schrittweise um etwa drei Stunden zu reduzieren. Es reicht in dieser Zeit, alle zwei Tage durch Sprühen Trinkwasser anzubieten und etwa zweimal wöchentlich zu füttern.

Wenn die Jemenchamäleons nun nachts zum Schlafen den Boden aufsuchen,

verhalten sie sich nicht anders als in kühlen Nächten in ihrer Heimat und dieses Verhalten ist kein Anlass zur Besorgnis.
Besonders empfehlenswert bei der Haltung von Jemenchamäleons im Sommerhalbjahr sind möglichst lang andauernde Aufenthalte im Freien, mit der Möglichkeit zum Aufwärmen in ungefiltertem Sonnenlicht. Das stimuliert nicht nur die Vitamin-D-Synthese (s. S. 46 u. 50), sondern bewirkt generell eine erhöhte Lebhaftigkeit und Farbenpracht der Tiere.
Im einfachsten Fall stellt man die Chamäleons bei geeignetem Wetter in einem Gazeterrarium (s. S. 24) an einen sonnigen Platz im Garten. Dabei muss aber immer auch ein schattiger Ort im Becken vorhanden sein, sonst droht auch in unseren Breiten, bei länger andauerndem Sonnenschein Überhitzung. Immerhin halten sich Jemenchamäleons aber auch bei hochsommerlichen Temperaturen stundenlang freiwillig in praller Sonne auf. Wer das einmal erlebt hat, wird sich vorstellen können, welch schwachen Ersatz für diese Möglichkeit jegliche Terrarienbeleuchtung darstellt.
Sind die Behälter katzen- und rattensicher und weisen einen regengeschützten Bereich auf, können die Tiere darin problemlos tagelang im Freien bleiben, sofern die Nachttemperaturen nicht längere Zeit unter etwa 12 °C absinken und die Tage sonnig sind. Von etwa Juni bis Ende August ununterbrochen im Freien bleiben können die Tiere, wenn das Terrarium für trübe oder regnerische Tage einen (elektrisch sicheren!) Spotstrahler und für die Nacht einen thermostatgesteuerten, in sicherem Abstand über den gewählten Schlafplätzen angebrachten Dunkelstrahler aufweist.
In jedem Fall profitieren die Tiere sehr von diesen Freilandaufenthalten.

Haltungsformen

Einzelhaltung

Die verbreiteteste Haltungsform für alle Chamäleons ist seit langem die separate Unterbringung jedes einzelnen Tieres. Unter Chamäleonpflegern ist es ein sehr strittiges Thema, ob für Chamäleons andere Haltungsformen überhaupt in Frage kommen.
Eine Vergesellschaftung von Jemenchamäleons untereinander kann unter Umständen möglich sein. Die Haltungsform, die das geringste Verletzungsrisiko für die Tiere beinhaltet, am stressfreiesten für die Chamäleons ist und seitens des Pflegers am wenigsten Aufmerksamkeit benötigt, ist jedoch auf jeden Fall die Einzelhaltung. Besonders wichtig dabei ist es, die Tiere nicht nur separat in ausreichend großen Terrarien unterzubringen, sondern auch durch passende Aufstellung der Terrarien oder/und Sichtbarrieren zu verhindern, dass die Tiere Artgenossen oder andere Chamäleons ständig sehen **müssen**. Es kann das überaus reizarme Leben eines einzeln untergebrachten Chamäleons jedoch aufwerten, wenn es gelegentlich Artgenossen oder andere Chamäleons sehen **kann**. Wer das bei der Aufstellung und Einrichtung seiner Chamäleonterrarien ermöglicht, schadet seinen Tieren nicht, sondern bringt positiv zu wertende Abwechslung in ihr Leben. Auch verhalten sich Exemplare, die den Anblick von Artgenossen gewohnt sind beim Zusammensetzen zu Paarungszwecken meist deutlich friedlicher als völlig isoliert gehaltene Tiere. Einzeln untergebrachte Chamäleons werden normalerweise nur zum Zweck der Paarung vorübergehend zusammengeführt und bekommen sonst keinen direkten Kontakt zu Artgenossen. Obwohl Einzelhaltung, wie schon erwähnt, die verbreitetste Haltungsform ist, birgt sie gerade für Jemenchamäleonhalter, die auch züchten wollen, einige Nachteile: Längere Zeit isoliert gehaltene Jemenchamäleons neigen nämlich dazu, besonders stark auf Stresseinwirkung und auch aggressiv auf die Gegenwart von Artgenossen zu reagieren. Adulte Männchen neigen dann auch zur überfallartigen Vergewaltigung jedes Weibchens. Bei der Zusammenführung zur Paarung kann das zu Problemen führen, wenn etwa ein noch nicht ganz paarungsbereites Weibchen

seinen Partner durch auf Beschädigung ausgelegte Bisse zurückweist und umgekehrt das isoliert gehaltene Männchen übererregt und ohne großes Balzverhalten zu zeigen, sofort die Paarung vollziehen will. Abgebissene Schwanz- oder Gliedmaßenteile sind durchaus nicht selten die Folge solcher Zusammenführungen.

Jemenchamäleons können unter Umständen zusammen gehalten werden. Beim Paarungsvorspiel verfolgt das Männchen das Weibchen langsam durch das Geäst

Vor allem in potenziell Stress erzeugenden Situationen sollte jedoch unbedingt auf Einzelunterbringung zurückgegriffen werden und auch keine artfremden Tiere im selben Terrarium untergebracht sein. Blickkontakt zu Artgenossen sollte in solchen Fällen ebenfalls möglichst unterbunden werden. Andernfalls könnten von außen einwirkende Stressfaktoren zusätzlich verstärkt werden und die Chamäleons unnötigerweise stressbedingte Schädigungen bis hin zum Tod erwerben. Gestresste Chamäleons können zudem ihrerseits aus einer nur vermeintlichen Bedrohung heraus friedliche Mitbewohner angreifen und verletzten oder töten. Zu kritischen Situationen in diesem Sinne zählen Transportvorgänge jeder Art, die Quarantäne neu erworbener Tiere und der Einzug in ein in einem belebten Zimmer stehendes Terrarium ebenso wie die Unterbringung zu Verkaufszwecken auf Börsen oder in Zoofachgeschäften.

Alternative Haltungsformen

In der freien Natur bilden die Jemenchamäleons vielerorts sehr dichte Populationen, innerhalb derer der Sichtkontakt zu Artgenossen zum normalen Tagesablauf gehört. Auch wird ein Chamäleon im Terrarium nur dann die ganze Breite seiner arteigenen Verhaltensweisen und Farbenpalette zeigen, wenn ihm der Kontakt zu Artgenossen ermöglicht wird. Nicht nur schränkt der Entzug des Kontaktes zu Artgenossen die Bandbreite der Verhaltensäußerungen der Tiere ein, sondern er unterbindet damit auch manche interessante Beobachtungsmöglichkeit für den Chamäleonhalter. Und dabei ist doch gerade die Beobachtung der faszinierenden Verhaltensweisen und Farbmuster ein wesentlicher Anreiz für die Haltung dieser Tiere.

Vorneweg sei gesagt, dass bei jeder Vergesellschaftung von Chamäleons jederzeit die Voraussetzungen gegeben sein müssen, um die Tiere notfalls sofort zu trennen und dauerhaft einzeln weiter pflegen zu können. Gerade Chamäleons sind Individualisten und nicht jedes Tier eignet sich dazu, auf Dauer friedlich mit Artgenossen zusammen zu leben. Besonders problematisch in diesem Sinne sind adulte Tiere, die bereits jahrelang ohne Kontakt zu Artgenossen gelebt haben. Aber auch miteinander aufgewachsene Tiere können mit dem Eintritt in die Geschlechtsreife Verhaltensänderungen zeigen, die ein Separieren nötig machen.

Am unproblematischsten ist in der Regel die lebenslange Gemeinschaftshaltung mehrerer Jemenchamäleonweibchen. Vor allem, wenn die Tiere miteinander aufwuchsen, ignorieren sie sich auch später meist völlig. Aber auch adult zusammengeführte Weibchen, die sich anfangs in voller Imponierstellung androhen, vertragen sich in der Regel bereits nach einigen Tagen ebenso problemlos wie miteinander aufgewachsene Tiere. Allerdings gibt es Ausnahmen und man muss in den ersten Wochen die Situation unbedingt aufmerksam beobachten, um notfalls umgehend eingreifen zu können. Auch sollte man keinem trächtigen oder geschwächten Weibchen die Eingliederung in eine solche Gruppe zumuten.

Nähert sich ein potenzieller Feind, flachen sich die Chamäleons ab und verstecken sich auf der Rückseite von Zweigen und sind dann sehr schwer auszumachen

Weit problematischer ist die dauerhafte Haltung eines Pärchens oder eines Männchens mit mehreren Weibchen. Viele Männchen stressen die Weibchen durch permanente Paarungsversuche. Umgekehrt verhalten sich manche nicht paarungsbereite Weibchen derart aggressiv gegen anwesende Männchen, dass diese umgehend wieder entfernt werden müssen.

Wenn, was bei Jemenchamäleons oft vorkommt, ein erheblicher Größenunterschied zwischen dem Männchen und dem/den zugesellten Weibchen vorliegt, besteht ferner die nicht zu unterschätzende Gefahr, dass das Männchen im Astgewirr Teile eines Weibchen mit einem Beutetier verwechselt. Bei der enormen Kieferkraft großer Männchen kann das leicht zu Gliedmaßenabbissen führen.

Auf der anderen Seite gibt es auch Paare, die dauerhaft sehr harmonisch zusammenleben und auch während der Trächtigkeit des Weibchens zusammenbleiben können. Der Erstautor (I. K.) hatte selbst nacheinander zwei solcher Paare, bei denen die Tiere jeden Abend fast in Körperkontakt auf demselben Ast übernachteten, obwohl sie die Möglichkeit gehabt hätten, mehrere Meter Abstand voneinander zu halten.

Trotzdem sollte man sich keinesfalls darauf versteifen, zwei zufällig ausgewählte Jemenchamäleons gegensätzlichen Geschlechtes dauerhaft im selben Terrarium halten zu wollen. In der Mehrzahl der Fälle wird das nämlich nicht gut gehen. Am größten sind die Chancen, dass so etwas funktioniert, wenn man ein jung adultes Männchen mäßiger Größe zu einem älteren, großen, bekanntermaßen wenig aggressiven Weibchen, oder besser noch, zu einer Weibchengruppe setzt. Oft muss man aber sogar dann noch das Männchen mehrfach austauschen, um letztlich eine funktionierende Gemeinschaftshaltung erzielen zu können.

Gemeinsame Aufzucht ist dagegen keine Garantie für ein späteres harmonisches Zusammenleben und sollte wegen der dann meist viel zu früh eintretenden Trächtigkeit des heranwachsenden Weibchens vermieden werden.

Mehrere Männchen kann man nur bis zum Alter von wenigen Monaten zusammen pflegen.

Gemeinsame Schlafposition eines Jemenchamäleonpärchens

Adulte Männchen sind immer absolut unverträglich gegen Geschlechtsgenossen.
Bei jeder Gemeinschaftshaltung von Jemenchamäleons ist zu beachten, dass trächtige Weibchen oft sehr aggressiv und unverträglich werden und dann natürlich für die Dauer ihrer Trächtigkeit separat untergebracht werden müssen.
Selbstverständlich sollte man ein Terrarium, in dem mehr als ein Jemenchamäleon lebt, größer halten als das Domizil eines Einzeltieres. Als Faustregel mag gelten, dass für jedes zusätzliche Tier 15–30 % mehr an Beckenvolumen vorgesehen werden sollte. Je größer das Terrarium, umso größer die Chancen für eine erfolgreiche Vergesellschaftung. Daher funktioniert eine Paarhaltung oft auch am besten bei freier Zimmerhaltung (s. S. 26). Bei der Haltung mehrerer Tiere im Becken sollte für besonders reichlich Deckung und sichtgeschützte Rückzugsplätze gesorgt werden und pro Tier mindestens ein eigener Aufwärm- und Sonnenplatz zur Verfügung stehen.

Vergesellschaftung mit anderen Tierarten

Jemenchamäleons sind bekanntlich zum einen stressempfindliche Reptilien, zum anderen sind es große Räuber, die Beute bis fast zur eigenen KRL bewältigen können. Die Kieferkraft ausgewachsener Tiere ist außerdem beachtlich.
Aus diesen Gründen verbietet sich jede Vergesellschaftung mit artfremden Terrarientieren. Ein anscheinend zunächst problemloses Miteineinander kann hier nur allzu leicht in tödliche Bedrohung für eine der beiden Parteien ausarten.
Das schließt zwar nicht aus, dass in Einzelfällen, in großen Terrarien und bei sehr erfahrenen Haltern eine artfremde Vergesellschaftung besonders friedfertiger Exemplare des Jemenchamäleons gelingt, die damit verbundenen Risiken sind aber so groß, dass pauschal nur davon abgeraten werden kann.

Junges *Chamaeleo-calyptratus*-Weibchen

unterbrochene braune Querbinden neu hinzukommen. In ausgewachsenem Zustand sind Jemenchamäleonmännchen in der Regel auch erheblich größer als die Weibchen. Bei Tieren unterschiedlicher genetischer Herkunft kann dieser Unterschied aber gering ausfallen oder sich gar umkehren. Voll ausgewachsene Männchen von unter 30 cm Gesamtlänge kommen ebenso vor, wie 45 cm große Weibchen.

Zucht

Erkennung der Geschlechter

Jemenchamäleons zählen zu den wenigen Echsenarten, bei denen man bereits ab Schlupf, spätestens aber im Alter von etwa einem Monat, die Geschlechter sicher voneinander unterscheiden kann. Die Männchen haben nämlich an den Fersen der Hinterfüße einen kleinen beschuppten Höcker, den bereits erwähnten Fersensporn, der den Weibchen fehlt. Außerdem ist bei fast allen Weibchen das vorderste Segment des unteren Lateralstreifens so lang oder länger, wie der ihn bedeckende angelegte Oberarm, wogegen dieses Streifensegment bei Männchen fast immer deutlich kürzer ist. Leider ist dieses besonders auffällige Merkmal nicht immer hundertprozentig eindeutig.

Beim Eintritt in die Geschlechtsreife färben sich die Männchen außerdem vom einheitlich fahlen Grün in das im Abschnitt Färbung beschriebene Ruhekleid um und der Helm beginnt weitaus deutlicher zu wachsen, als bei den Weibchen. Bei den Weibchen ist auch die Änderung der Ruhefärbung weniger auffällig, da nur wenige

Neben dem Fersensporn ist auch die Färbung und der große Helm ein typisches Merkmal für männliche Jemenchamäleons

Dieses Weibchen lässt durch türkise Einfärbungen im Helm- und Rückenbereich seine Paarungsbereitschaft erkennen

Geschlechtsreife

Normalerweise sind Jemenchamäleons ab einem Alter von etwa sechs bis neun Monaten fortpflanzungsfähig. Bei dauerhaft (zu) warmer Aufzucht und (zu) reichlicher Fütterung kann die Geschlechtsreife jedoch sogar bereits im Alter von vier Monaten erreicht werden. Während ganz junge Männchen durchaus zur Zucht verwendet werden können und auch gerade geschlechtsreife Tiere meist ganze Gelege erfolgreich befruchten können, sollten Weibchen möglichst erst im Alter von etwa einem Jahr zur Zucht verwendet werden. Eine frühere Trächtigkeit stellt eine zu große Belastung für den noch wachsenden Organismus dar. Im günstigsten Fall bewirkt sie lediglich eine Wachstumsverzögerung und eine geringere Endgröße der Tiere. Oft aber führt sie auch zu Mangelerkrankungen, Stoffwechselstörungen des Knochengewebes oder Legenot, die häufig tödlich endet. Unabhängig von der Größe der Tiere produzieren nämlich alle Weibchen etwa gleich große Eier. Damit sind die Eier bei kleinen und jungen Weibchen im Verhältnis zur Körpergröße deutlich größer als bei voll adulten Tieren und können im Extremfall allein deshalb nicht spontan abgelegt werden. Schon aus diesem Grunde empfiehlt es sich, weibliche Jemenchamäleons spätestens im Alter von vier Monaten von den männlichen Geschwistern zu trennen. Zwar produzieren auch jungfräulich aufwachsende Jemenchamäleons hin und wieder (unbefruchtete) Gelege, doch fallen diese in der Regel deutlich kleiner aus als befruchtete und auch die Größe der Eier ist reduziert.

Paarungsbereitschaft

Wildlebende Jemenchamäleonweibchen sind wohl nur einmal im Jahr paarungsbereit und produzieren dann auch nur ein Gelege von wenig mehr als 20–30 Eiern.
Bei sparsam ernährten Jemenchamäleons, die im Winter eine kühlere Phase mit reduzierter Beleuchtung erleben, liegen die Verhältnisse in Gefangenschaft ähnlich. Dauerhaft warm gehaltene Tiere, die permanent reichlich Nahrung erhalten, sind dagegen meist bald nach der Eiablage wieder paarungsbereit. Sie können so vier und mehr Gelege pro Jahr produzieren und Gelegegrößen von 60 Eiern sind keine Seltenheit, ja sogar Gelege von über 70 Eiern sind bekannt. Das so etwas eine enorme Belastung für die Zuchtweibchen bedeutet, dürfte einleuchten und es ist dringend davon abzuraten, zu versuchen, aus seinen Tieren das maximal Machbare an Nachkommenschaft „herauszuholen".
Voll ausgefärbte, gesunde männliche Jemenchamäleons sind eigentlich immer paarungsbereit, wenn ein Weibchen in ihrem Revier auftaucht. Ausnahmen gibt es lediglich bei sehr alten Tieren oder Männchen, die permanent in Gegenwart eines oder mehrerer Weibchen leben.
Weibchen dagegen sind nur zu bestimmten Zeiten, die sich über Ernährungszustand, Überwinterung und Beleuchtungszyklus, bei gleichförmig „optimalen" Bedingungen aber wohl vor allem über den Abstand zur letzten Eiablage bestimmen, paarungswillig.
In dieser, wenige Tage anhaltenden Phase, sind die Tiere meist sehr unruhig, fressen wenig und klettern viel im Terrarium umher. Wie so vieles im Leben eines Chamäleons, wird die Empfängnisbereitschaft aber auch über ein spezielles Färbungskleid der Umwelt präsentiert. In

Dieses Weibchen ist nicht paarungsbereit

diesem Fall ist es ein wenig auffälliges Kleid, das aber nichtsdestotrotz mit etwas Erfahrung sicher zu diagnostizieren ist. Im Wesentlichen besteht die Farbänderung in türkisgrünen bis bläulichen Einfärbungen im Rücken- und Helmbereich. Oft kommen noch einige gelbliche Flecken auf den Flanken hinzu, die sonst Bestandteil der Trächtigkeitsfärbung sind. Begegnen die Tiere in dieser Zeit einem Männchen, so färben sie sich nicht wie sonst dunkel und drohen den Partner fauchend an, sondern behalten ihre Färbung bei und bewegen sich nur langsam vom Männchen fort. Viele Züchter testen die Paarungsbereitschaft ihrer Weibchen daher einfach dadurch, dass sie regelmäßig ihre Reaktion beim Präsentieren eines Männchens beobachten und sie setzen die Tiere dann für einige Zeit zur Paarung zusammen, wenn das Weibchen wie oben beschrieben reagiert.

Da jede Trächtigkeit für ein Chamäleonweibchen eine enorme physiologische Belastung bedeutet, sollten nur voll ausgewachsene, gesunde und vitale Weibchen verpaart werden. Schwächliche Tiere überleben eine Trächtigkeit oft nicht oder leiden später an Legenot. Zu junge Weibchen bleiben hingegen im Wachstum zurück.

Balz und Paarung

Ein männliches Jemenchamäleon, das einem Weibchen begegnet, reagiert zunächst wie beim Anblick eines Rivalen. Das heißt, es bläht sich maximal auf, verdunkelt die dunklen Farbanteile, intensiviert die gelben Querstreifen und zeigt ein Muster aus verstreuten dunklen Punkten über den gesamten Körper. Gleichzeitig präsentiert es dem Gegenüber die Breitseite, schaukelt vor und zurück, öffnet eventuell fauchend das Maul und hebt den dem Gegenüber zugewandten Arm angewinkelt an. Erkennt das Tier sein Gegenüber als Weibchen, schlägt die Drohung in Balzverhalten um, meist unabhängig davon, ob das Weibchen Paarungsbereitschaft signalisiert oder nicht. Bei manchen Männchen merkt man kaum etwas von diesem Balzverhalten und es folgt sofort eine vergewaltigungsähnliche Paarung. Andere Tiere zeigen ein faszinierendes imposantes Paarungsvorspiel. Das beginnt oft mit einer leichten, aber doch meist merklichen Änderung der Färbung: Die verstreuten dunklen Flecken reduzieren sich oder verfärben sich ins Türkis. In den gelben Querstreifen erscheinen leuchtend türkise Punkte und auch auf den Körperseiten treten türkise und blaue Farbelemente deutlich zutage. Allerdings ist die Intensität und Ausbreitung dieser Farbelemente individuell sehr unterschiedlich ausgeprägt. Neben fast türkisblau erscheinenden Tieren gibt es auch solche, die nahezu keine Blautönungen aufweisen und solche, die zusätzlich – oder stattdessen – mit einer großflächigen orangen Färbung aufwarten können, die bei den meisten anderen Männchen nur auf die Backenregion beschränkt bleibt.

Auffällig ist auch ein rhythmisch erfolgendes, mehrfach wiederholtes Auf- und Abrollen des gesamten Schwanzes und oft heftiges Kopfnicken. Dabei nähert sich das Männchen schaukelnd dem Weibchen. Nicht paarungsbereite Weibchen färben sich nun dunkel oder in das später beschriebene Trächtigkeitskleid um und fauchen die Männchen unter pendelnden Bewegungen des Kopfes heftig an, während sie sich gleichzeitig zurückziehen. Männchen, die dauerhaft mit Weibchen zusammenleben, verstehen diese Signale meist und brechen die Balz ab. Solche Tiere balzen aber in der Regel sowieso nur paarungsbereite Weibchen an, die sie wohl an den genannten türkisen Einfärbungen erkennen. Dass ein Männchen die Paarungsbereitschaft eines Weibchens erkannt hat, wird oft auch dadurch deutlich, dass es ein wiederholtes horizontales rollendes Kopfschwenken in sein Balzverhalten einbaut, sobald es das nur langsam ausweichende Weibchen eingeholt hat. Eine Verhaltensweise, die paarungsunwilligen Weibchen gegenüber nie gezeigt wird (Kelos et al. 2002). Einzeln lebende Männchen ignorieren allerdings oft jegliches Abwehrverhalten auch absolut nicht paarungsbereiter Weibchen und setzen dem Weibchen stürmisch nach, um es durch Überholen zu stoppen. Dann halten sie die Partnerin mit den Füßen fest und stoßen das sich wehrende Tier mit geschlossenem Maul mehrfach heftig in die Seiten. Dadurch soll das Weibchen wohl beschwichtigt und in eine paarungsgerechte Position gebracht werden.

Die Paarung erfolgt meist sehr stürmisch

Dabei führt das Männchen einen Hemipenis ...

... in die Kloakenöffnung des Weibchens ein

Männchen haben in dieser Situation eine deutliche Beißhemmung gegenüber den Weibchen. Bei mäßiger Abwehr des Weibchens kann auch ein deutlich reduziertes, ritualisiert wirkendes Kopfstoßen erfolgen, bei dem in seiner schwächsten Ausprägung nur noch das Kinn des Männchens über den Rücken des Weibchens hin und her gerieben wird (Kober, eigene Beobachtungen, vergl. Kelos et al. 2002).
Sich auch bei der Paarung noch wehrenden Weibchen können im Rücken und Bauchbereich durch den überaus festen Griff der Füße des Männchens bisweilen blutende Verletzungen zugefügt werden. Nicht paarungsbereite Weibchen sind den Männchen zwar meist kräftemäßig unterlegen und müssen daher die Vergewaltigung über sich ergehen lassen, haben aber oft keinerlei Beißhemmung dem Partner gegenüber und können dem „liebestollen" Männchen erhebliche Verletzungen zufügen. Daher sollte man die Tiere immer sofort trennen, wenn sich herausstellt, dass das Weibchen nicht paarungswillig ist. Ist es dagegen empfängnisbereit, ändert es wie erwähnt seine Färbung nicht und läuft auch nur langsam vom Männchen weg. Dieses überholt und stoppt das Weibchen und nach einigen nun wesentlich gemäßigter ausfallenden Flankenstößen mit geschlossenem Maul besteigt es das Weibchen und vollzieht die Paarung durch Einführung eines Hemipenis. Die eigentliche Paarung kann wenige Minuten oder auch über eine halbe Stunde dauern. Meist ist sie nach etwa zehn Minuten beendet. Die Partner bleiben in den nächsten Tagen eng zusammen und suchen sichtlich die gegenseitige Nähe. In dieser Zeit kommt es mehrfach täglich zu weiteren Paarungen mit reduziertem Balzritual. Irgendwann, spätestens nach vier bis fünf Tagen, reagiert das Weibchen abwehrend und bei getrennt lebenden Tieren sollte der Pfleger es spätestens dann wieder in ein separates Terrarium setzen. Aber auch bei vielen in Gruppen oder paarweise lebenden Jemenchamäleons wird das Weibchen nun so unverträglich, dass es bis zur Eiablage besser einzeln untergebracht wird.

Trächtigkeit und Eiablage

Das befruchtete Weibchen färbt sich nun bei Annäherung eines Männchens in die so genannte Graviditätsfärbung (Trächtigkeitsfärbung) um. Auf dunkelgrünem, ja oft fast schwarzem Untergrund treten punkt- oder wurmförmige Zeichnungselemente der sonst dunklen Querbinden nun leuchtend türkis, blau und gelb hervor. Auch an Kopf, Beinen und Schwanz sind diese Farbkontraste vorhanden. Die mögliche Intensität der Färbung und die Stärke des Kontrastes sind aber auch hier individuell stark verschieden. Dazu kommt noch, dass manche Weibchen dieses Farbkleid fast nur bei Annäherung eines Männchens zeigen, während andere es während der gesamten Trächtigkeit präsentieren.
Wie schon erwähnt, empfiehlt es sich nun, die Tiere auf jeden Fall einzeln zu halten. Auch ist jetzt eine äußerst reichhaltige und ausgewogene Ernährung zu bieten. Ausnahmsweise dürfen die Tiere nun immer wieder bis zur Sättigung fressen und es muss sehr sorgsam auf eine ausreichende Zufuhr von Vitaminen und Kalzium sowie auf ein ausgewogenes Kalzium-Phosphor-Verhältnis in der Nahrung geachtet werden. Auch dem Tränken muss besondere Aufmerksamkeit gewidmet werden.
Da die Tiere nun besonders stressanfällig sind, sollte frühzeitig darauf geachtet werden, dass geeignete Eiablageplätze zur Verfügung stehen, damit man nicht später noch das ganze Becken umgestalten muss. Wichtig ist, dass ein leicht feuchtes Substrat angeboten wird, das so grabfähig ist, dass gegrabene Tunnel nicht gleich einstürzen. Je stabiler in das Substrat gegrabene Tunnel bleiben, umso flacher darf die Schichtdicke ausfallen. Bei lockeren Substraten wie Sand oder Sand/Torf-Gemischen sollte die Schichtdicke mindestens 20, besser 25 cm und mehr betragen und aufgelegte Steinplatten Ansatzpunkte zum Graben bieten. Besonders gut bewährt hat sich der gut, aber nicht übermäßig durchwurzelte Inhalt alter Blumenkästen. Zu

Weibliches Jemenchamäleon in der typischen Trächtigkeitsfärbung

diesem Zweck wirft man nach Abschneiden der abgestorbenen Balkonblumen im Herbst die Kastenfüllung nicht weg, sondern hebt sie sich in Plastiktüten verpackt dunkel und kühl auf. Für trächtige Jemenchamäleonweibchen füllt man dann den Boden des Terrariums mindestens 10–15 cm dick mit möglichst großen Stücken dieser Wurzelgeflechte und hält alles mäßig feucht. Darin gegrabene Tunnel sind absolut einsturzsicher und meist führt der erste Grabungsversuch der Jemenchamäleonweibchen bereits zur erfolgreichen Eiablage in dieses Substrat. Sehr wichtig ist, dass das Eiablagesubstrat nicht unten wärmer als oben ist, wie es etwa bei der Heizung durch im Boden oder unter dem Becken liegende Wärmequellen der Fall wäre. Das irritiert die Weibchen derart, dass sie die Grabversuche oft abbrechen. Das Substrat muss zwar nicht unbedingt wärmer als Zimmertemperatur gehalten werden, allerdings werden durch einen schwachen Strahler erwärmte Plätze doch oft bevorzugt.

Mit dieser Zeichnung signalisieren sie den Männchen, dass sie nicht paarungsbereit sind

Die im Eiablageterrarium gut gefütterten trächtigen Weibchen nehmen rasch an Umfang zu und etwa eine Woche vor der Eiablage erkennt man die Konturen

der Eier bereits von außen. Nun stellen manche Tiere auch das Fressen ein, was aber für gesunde und vitale Tiere keinerlei gesundheitliche Bedrohung darstellt und daher nicht zu Zwangsfütterungen verleiten sollte. Auf jeden Fall ist aber gerade jetzt auf ausreichende Flüssigkeitszufuhr zu achten. Je nach Haltungsbedingungen etwa vier bis acht Wochen nach der Befruchtung, beginnen die Weibchen den Boden aufzusuchen und einen Tunnel zu graben. Bevorzugte Stellen sind leicht erwärmte, beschattete Plätze und Kanten an Steinen oder anderen Einrichtungsgegenständen. Je nach Substrat und individuellem Charakter kann es zu einigen Probegrabungen kommen, bis endlich ein mindestens körperlanger, oft aber deutlich längerer Gang gegraben und über einen Zeitraum von ein bis fünf Stunden die Eier am Ende des Ganges abgelegt werden. Während dieser Zeit darf das Tier auf gar keinen Fall gestört oder beunruhigt werden.
Nach der Ablage bleiben die meisten Weibchen noch längere Zeit erschöpft auf den Eiern sitzen, bevor sie den Gang verlassen, ihn sorgfältig verschließen und wieder das Geäst aufsuchen. Hochträchtige Tiere, die länger als eine Woche Probegrabungen durchführen oder permanent unbeweglich am Boden sitzen ohne Nahrung aufzunehmen oder zu graben, sollte man einem reptilienerfahrenen Tierarzt vorstellen, da Verdacht auf Legenot besteht, die oft tödlich endet.
Erstgelege von Jemenchamäleons umfassen meist 10–30, spätere Gelege 30–50 Eier. Es gibt aber auch Erstgelege von über 50 und Riesengelege von über 100 Eiern. Seinen Chamäleons zuliebe sollte man alles tun, um solche Abnormitäten zu vermeiden.

Eine gute Woche vor der Eiablage erkennt man an den Bauchseiten der Weibchen deutlich die Konturen der Eier

In den Wochen nach der Ablage der Eier sollte man darum der Versuchung widerstehen, die arg abgemagerten Weibchen besonders gut zu füttern. Das würde nur dazu führen, dass das nächste Gelege deutlich größer ausfällt und die Weibchen nach spätestens zwei Monaten wieder empfängnisbereit sind. Es ist vielmehr dringend anzuraten, den Tieren keineswegs mehr Futter anzubieten als anderen nicht trächtigen Weibchen. Eher gibt man sogar etwas weniger. Lediglich auf Trinkwasserzufuhr und Mineralstoff-Vitaminversorgung sollte man auch jetzt noch besonders gut achten. Unter diesen Bedingungen erholen sich die Tiere ebenso zuverlässig, produzieren aber meist nur ein bis maximal zwei mäßig große Gelege pro Jahr. Es deutet einiges darauf hin, dass die Größe des nächsten Geleges durch die Futtermenge in den ersten Wochen nach einer Eiablage entscheidend bestimmt wird (Kober, unveröff. Beob.). Erwähnenswert ist noch, dass Jemenchamäleons die Fähigkeit haben, bei einer Paarung erworbenes Sperma zu speichern und zur Befruchtung weiterer späterer

Zur Eiablage gräbt das Weibchen einen tiefen Gang in den Boden

Gelege zu verwenden (Amphigonia retardata). Allerdings liegt bereits beim zweiten Gelege ohne erneute Paarung die Anzahl der befruchteten Eier fast immer bei nur 30 % oder darunter.

Inkubation und Schlupf

Die Wahrscheinlichkeit, dass die Eier an der Ablagestelle im Terrarium zum Schlupf kommen, ist sehr gering. Daher ist es sinnvoll, die Gelege zu entnehmen und in einen Inkubator zu überführen. Dazu wartet man immer, bis das Weibchen den Eiablageplatz wieder verlassen hat und erneut ins Geäst geklettert ist. Nun kann man recht stressfrei für das erschöpfte Muttertier durch vorsichtiges Graben mit den Händen oder einem Plastiklöffel das Gelege zunächst freilegen. Liegt die Eiablage weniger als 20–30 Stunden zurück, kann man jetzt die Eier einfach einzeln entnehmen und ohne Beachtung ihrer ursprünglichen Lage in den Inkubator überführen. Liegt die Eiablage länger zurück, muss darauf geachtet werden, dass die Eier nicht mehr gedreht werden und die ursprüngliche Oberseite stets obenauf bleibt. Am besten ist es, man bettet die Eier in Längslage bis zur Hälfte in mäßig feuchtes Substrat ein. Die Jungtiere in senkrecht inkubierten Eiern schlüpfen oft nicht oder sie sterben wenige Tage nach dem Schlupf. Warum ist unklar. Bei Jemenchamäleons scheinen kurz vor dem Schlupf Signale zwischen den Eiern, respektive den Jungtieren ausgetauscht zu werden, die einen gleichzeitigen Schlupf aller Tiere eines Geleges bewirken. Zwar schlüpfen dadurch einige Tiere etwas verfrüht, doch ist es dennoch sinnvoll, die Signalweitergabe zu ermöglichen, da sonst manchmal einige Jungtiere sehr spät oder gar nicht schlüpfen. Zu diesem Zweck positioniert man die frisch gelegten Eier so, dass maximal zwei bis fünf Millimeter Abstand zwischen den Eiern bleibt. Da die Eier während der Entwicklung an Volumen zunehmen, werden sie sich zum Schlupfzeitpunkt nun mit Sicherheit gegenseitig berühren. Manchmal kommt es dann durch die Enge zu Lageveränderungen einiger Eier, was zu diesem Inkubationszeitpunkt aber nicht mehr schadet. Als Zeitigungssubstrat eignet sich vor allem der Dämmstoff Vermiculite. Aber nie solchen aus dem Baubedarfsmarkt verwenden, da

Das Gelege wurde vom Pfleger vorsichtig ausgegraben

Die Eier werden markiert und in Vermiculite gezeitigt

dieser Zusätze enthalten könnte, die die Embryonen gefährden. Vermiculite aus dem Garten- oder Zoohandel ist optimal. Alternativ kann man auch Perlite®, Torf-Sand-Gemische, Seramis® oder Schaumstoffflocken verwenden. Manche Züchter mischen auch einen ca. 10%igen Anteil von Aktivkohle unter das jeweilige Substrat, in der Hoffnung damit das Risiko von Pilz- oder Bakterieninfektionen zu vermindern. Wichtig ist nur, dass das Substrat auch über Monate hinweg locker bleibt und sich weder verdichtet, noch matschig wird oder gar schimmelt. Anfänger neigen in der Regel dazu, das Substrat zu feucht zu halten. Das führt dann oft zu einem Verderben des ganzen Geleges. Wenn man aus dem nur ganz leicht feucht erscheinenden Substrat mit kräftigem Druck zwischen zwei Fingern noch etwas sichtbares Wasser pressen kann, ist der Feuchtigkeitsgrad in etwa richtig. Im letzten Viertel der Inkubationszeit darf das Substrat eher noch trockener werden, da sonst viele Jungtiere noch kurz vor dem Schlupf im Ei absterben. Entweder der zu hohe Innendruck der extrem prallen Eier tötet sie, oder ihr beim Schlupf durch die Anstrengung erhöhter Sauerstoffbedarf kann durch die mit Wasser gesättigten Eiporen nicht mehr ausreichend gedeckt werden. Ist das Substrat dagegen einmal doch zu trocken, beginnen die Eier bald, Dellen zu zeigen. Wird nun schnell nachbefeuchtet, wobei niemals die Eier selbst mit Wasser in Berührung kommen dürfen, sind solche Eier bald wieder prall und rund, ohne Schaden zu nehmen. Die halb ins Substrat eingebetteten Eier inkubiert man am besten in einer luftdicht verschlossenen Gefrierdose. So ist garantiert, dass der anfangs eingestellte Feuchtigkeitsgrad erhalten bleibt. Zweiwöchige Kontrollen der Eier genügen, um einen ausreichenden Luftaustausch zu gewährleisten. Am sichersten inkubiert man die Gefrierdose mit den Eiern in einem käuflichen Inkubator. Im Prinzip reicht aber jede Umgebung, die eine genaue Kontrolle der Temperatur in der Gefrierdose erlaubt. Ein einfacher selbstgebauter Inkubator wäre z. B. ein wasserdicht verschlossener Styroporbehälter, der halb mit Wasser gefüllt durch einen Aquarienregelheizer beheizt wird. Die Gefrierdose mit den Eiern wird auf einen bis 2–3 cm unter die Wasseroberfläche reichenden Ziegelstein gestellt. Die Inkubation sollte stets im Dunkeln erfolgen. Sollte sich im verwendeten Inkubator Kondenswasser innen am Deckel der Gefrierdose bilden, so ist es anzuraten, die Eier mit einem weichen Tuch abzudecken, da Tropfwasser zum Absterben der Eier führen kann. Da solche Tücher unter den feuchtwarmen Inkubationsbedingungen leicht schimmeln, müssen sie allerdings meist etwa alle drei Wochen ausgetauscht werden. Alternativ und bei wiederholt auftretendem Tropfwasser ist es möglich, den Deckel des Eierbehälters schräg anzubringen, so dass Kondenswasser seitlich abläuft und nicht auf die Eier tropft.

Seit etwa Ende der neunziger Jahre hat sich leider ein äußerst lästiger Schädling in Terrarianerhaushalten etabliert. Es handelt sich dabei um eine kleine Fliege aus der Familie Phoridae, Buckelfliegen. Eigene Versuche, die Art genauer zu bestimmen, legen den Verdacht nahe, dass es sich um eine Art der Gattung *Megaselia* und vielleicht um die Art *Megaselia scalaris* handelt. Diese Art ist ursprünglich in Südostasien behei-

Buckelfliegenmaden der Gattung *Megaselia* sind in der Lage, innerhalb kurzer Zeit ganze Gelege zu zerstören

matet, wurde aber in den letzten Jahrzehnten weltweit verschleppt.

Wenn es sich tatsächlich um diese Art handelt, so würde das auch erklären, warum ältere Terrarianer sich noch gut an absolut buckelfliegenfreie Zeiten erinnern und warum es praktisch keine älteren Berichte über von solchen Insekten verursachten Schadwirkungen in der Terraristik gibt. Die heute so häufig auftretenden Buckelfliegen ähneln in Größe und Aussehen *Drosophila*, haben aber einen deutlich überhöhten Brustbereich, der an einen Buckel erinnert. Oft werden sie anfangs für *Drosophila* gehalten, ihre Bewegungen sind jedoch anders als bei den Fruchtfliegen hektisch und abgehackt, so dass sie allein daran bereits gut von jenen unterschieden werden können. Diese Insekten sind Nahrungsopportunisten, die auf organischen Abfällen und totem Gewebe jeder Art hervorragend gedeihen, aber auch als Parasiten lebende Insekten und geschwächte Wirbeltiere befallen. Vor allem viele Schabenzuchten sind heutzutage von Buckelfliegen befallen und oft schleppt man sich diese Schädlinge anfänglich mit Futterschaben ein. Da die Fliegen auf organischem Material jeder Art gedeihen, ist es in einem Haushalt mit Feuchtterrarien praktisch unmöglich, einmal eingeschleppte Buckelfliegen wieder auszurotten. Jedes, nicht staubtrockene oder sterile Terrarium bietet ausreichend Nahrung, um eine kleine Population von Buckelfliegen über lange Zeit zu erhalten. Von dort aus können die in der Zahl dann zeitweise durchaus unauffälligen Fliegen jederzeit ausschwärmen, um dem Terrarianer arge Probleme zu bereiten. Ihr Geruchsinn ist offenbar hervorragend, denn frisch gelegte Reptilieneier ziehen Buckelfliegen magisch an. So kommt es, dass oft schon Minuten nach der Eiablage die ersten winzigen Fliegeneier an den Chamäleoneiern kleben. Die schlüpfenden Maden arbeiten sich dann von der Unterseite des Eies ausgehend in das Chamäleonei hinein und fressen es leer. Wenn das Ei beginnt einzufallen und „komisch" auszusehen, wimmelt es in seinem Innern bereits von Fliegenmaden und meist sind bereits alle weiteren Eier ebenfalls befallen. Bei frisch geborgenen Eiern sollte man daher versuchen, eventuell bereits anhaftende Buckelfliegengelege durch Reinigen mit einem mittelharten Pinsel unter fließendem Wasser zu entfernen. Die meisten der üblicherweise zur Inkubation von Reptilieneiern verwendeten Gefäße halten Buckelfliegen im Übrigen keineswegs davon ab, dort einzudringen. Die Fliegen legen ihre Eier an den Deckelrand und die winzigen Lärvchen bohren sich auch durch die engen Schlitze üblicher Grillenboxen und Gefrierdosen und natürlich durch Luftlöcher jeder Art. Als weitgehend sicher haben sich Gefrierdosen mit umlaufender abdichtender Gummilippe am Deckel erwiesen, die im Handel als luftdicht gekennzeichnet sind.

In einem Haushalt mit Buckelfliegen empfiehlt es sich, nur solche Inkubationsdosen zu verwenden und auf jegliche Lüftungslöcher zu verzichten. Andernfalls kommt es oft zu Totalverlusten von Gelegen. Um die Gelege zu belüften, sollten die luftdichten Inkubationsdosen alle zwei Wochen kurz geöffnet werden, wobci natürlich auf eine Buckelfliegenfreie Umgebung zu achten ist.

Inkubiert werden Jemenchamäleongelege am

Meist schlüpfen die Jemenchamäleons fast gleichzeitig

besten zwischen 24 und 29 °C. Bei höheren Temperaturen sterben die Eier leicht – aber nicht immer – ab, bei niedrigeren Temperaturen kann sich die Inkubation über fast ein Jahr hinziehen. Lässt man die Temperatur nachts um einige Grad oder bis auf Zimmertemperatur abfallen, erhält man meist kräftigere Schlüpflinge, die Inkubationszeit verlängert sich aber ebenfalls. Sehr gute Erfahrungen konnten mit einer konstanten Inkubationstemperatur von 28 °C gemacht werden (Kober, unveröff. Beob.). Unter diesen Bedingungen schlüpfen in der Regel nach fast genau sechs Monaten kräftige Jungtiere. Prinzipiell kann man sagen, dass je nach Inkubationsbedingungen Eier von Jemenchamäleons 130 bis über 300 Tage bis zum Schlupf benötigen. Interessanterweise zeigt sich beim Durchleuchten der Eier auch nach über der Hälfte der Inkubationszeit meist kein deutliches Wachstum des Embryos. Im letzten Drittel der Entwicklungszeit wächst der Embryo dagegen rapide. (Kober, unveröff. Beob.). Möglicherweise machen Jemenchamäleoneier also in einer frühen Phase der Entwicklung eine so genannte Diapause durch. So etwas ist in der Chamäleonverwandtschaft weit verbreitet. In der Regel ist jedoch ein äußerer Stimulus zur Beendigung der Entwicklungspause und zum Anstoß der raschen Embryonalentwicklung nötig. Bei *Furcifer lateralis*, dem Teppichchamäleon und anderen Arten der gleichen Gattung beendet beispielsweise eine deutliche Temperaturänderung die Diapause. Bleibt diese aus, entwickeln sich nur wenige Eier bis zum Schlupf. Offenbar benötigen die Eier von Jemenchamäleons jedoch keinen obligaten Stimulus zur Überwindung der Ruhephase, da die Schlupfraten auch bei gleichmäßiger Inkubation sehr hoch sind. Immerhin scheint jedoch auch beim Jemenchamäleon eine plötzliche Temperaturerhöhung das Ende der Diapause zu beschleunigen, wogegen Feuchtigkeitsschwankungen keinen Einfluss haben (Andrews & Donoghue 2004).

Unbefruchtete Eier schrumpeln in der Regel bereits wenige Tage bis Wochen nach der Eiablage ein und werden hart. Es kommt aber auch vor, dass sich unbefruchtete Eier über Monate hinweg scheinbar normal entwickeln und nur beim Durchleuchten durch ihren, auch nach vielen Wochen noch immer homogenen, orange leuchtenden und aderfreien Inhalt von befruchteten Eiern unterschieden werden können. Ein Verschimmeln der Eier kommt eher selten vor und ist meist ein Hinweis auf bereits erfolgtes Absterben der Embryonen. Verdorbene Eier kann man entfernen, man kann sie aber auch im Gelege belassen, da gesunde Eier erstaunlich unanfällig gegen Schimmel und Bakterien sind. Die überlebenden, anfangs nur etwa 1 x 1,5 cm

Ein Jemenchamäleon schlüpft aus dem Ei

messenden Eier, haben kurz vor dem Schlupf der Jungtiere eine Größe von gut 1,5 x 2 cm erreicht. Einige Tage vor dem Schlupf beginnen die Eier oft dunkler zu werden. Ein bis zwei Tage vor dem Schlupf beginnen sie, weniger prall auszusehen und Dellen zu zeigen. Manchmal treten auf ihrer Oberfläche kleine Tröpfchen hervor, man sagt, die Eier „schwitzen". Beim Schlupf schlitzen die kleinen Jemenchamäleons die Eier zunächst meist an einem Pol mit Hilfe ihres auf der Schnauzenspitze sitzenden Eizahnes sternförmig auf. Bald erscheint dann die Schnauzenspitze oder der ganze Kopf. In dieser Stellung verharren die Tiere einige Stunden oder auch Tage unbeweglich, bis sie dann schließlich zügig das Ei verlassen und sofort umherzuwandern beginnen. Hatten die Eier wie oben angeraten gegenseitigen Kontakt, so schlüpfen meist alle Tiere in einem Gelegebehälter am selben Tag. Liegen die Eier deutlich separat, kann sich der Schlupf der Jungtiere über mehrere Tage oder gar Wochen verteilen.

Von ungeduldigen Züchtern kurz vor dem Schlupftermin geöffnete Eier enthalten immer völlig unbewegliche Chamäleons, die tot erscheinen. Auf feuchtes Vliespapier gelegt und im Inkubator belassen, bewegen sich die meisten dieser Tiere jedoch nach wenigen Stunden spontan, wenn der Schlupftermin kurz genug bevorstand. Generell ist davon abzuraten, Schlupfhilfe zu leisten. Das Risiko besteht, dass man Eier mit lebensfähigen Tieren zu früh öffnet oder sich damit Zuchtstämme von Tieren heranzieht, die gar nicht mehr selbständig schlüpfen können.

Abgesehen davon ist die Schlupfrate bei optimal inkubierten Jemenchamäleoneiern hoch. Normalerweise schlüpfen aus 90–100 % der befruchteten Eier die Jungtiere ohne Hilfe. Jungtiere, die Schlupfhilfe benötigen sind außerdem oft trotzdem nicht auf Dauer lebensfähig. Niedrige Schlupfraten sind meist entweder durch falsche Inkubation (meist zu hohe Substratfeuchte), suboptimale Versorgung des Muttertieres oder durch hochgradige Inzucht verursacht. Letzteres bedingt bei vielen Reptilien erstaunlicherweise nur selten ernsthafte nach außen erkennbare Probleme, führt aber gerade bei Jemenchamäleons oft zu reduzierter Fruchtbarkeit, geringerer Schlupfrate, Kleinwüchsigkeit und weiteren Schwierigkeiten.

Abschließend sei noch kurz ein Phänomen erwähnt, zu dem bei Jemenchamäleons noch genauere Untersuchungen fehlen, das aber von vielen anderen Reptilienarten bereits bekannt ist. Hierbei handelt es sich um die so genannte **T**emperatur**a**bhängige **G**eschlechts**a**usprägung, kurz TAGA, in jüngster Zeit in der deutschsprachigen Literatur von TDSD bzw. TSD (**t**emperatur [**d**ependent] **s**ex **d**etermination) verdrängt. Das bedeutet, dass es zumindest teilweise von der Inkubationstemperatur zu einem bestimmten sensiblen Zeitraum abhängt, ob aus einem Ei einer Reptilienart, bei der TAGA festgestellt wurde, ein weibliches oder ein männliches Jungtier schlüpft.

Bei der hier empfohlenen konstanten Inkubationstemperatur von 28 °C schlüpfen männliche und weibliche Jemenchamäleons in einem etwa ausgewogenen Verhältnis. Ein versehentlich über vier Wochen bei 32 °C inkubiertes Gelege brachte neben einer reduzierten Schlupfrate auf 32

Männchen nur ein einzelnes weibliches Jungtier hervor. Umgekehrt waren sämtliche, bisher aus unbemerkt im kühlen Terrariumboden verbliebenen Eiern geschlüpften Jungtiere Weibchen (Kober, unveröf. Beob.). Die Anzahl der dieser Beobachtung zugrunde liegenden Tiere ist sicher zu gering, um eine aussagekräftige Schlussfolgerung ziehen zu können, aber andere Züchter von Jemenchamäleons haben ähnliche Beobachtungen gemacht. Es scheint demnach so, dass bei Jemenchamäleons der Männchenanteil unter den Schlüpflingen deutlich steigt, wenn die Inkubationstemperaturen über der 29-°C-Grenze liegen. Allerdings kann nicht ausgeschlossen werden, dass unterschiedliche Überlebensraten der Embryonen bei den Extremtemperaturen zu nur scheinbar verschobenen Geschlechterverhältnissen führen, wenn spezifisch Embryonen eines Geschlechtes vor der Schlupfreife absterben.
Forschungsergebnisse von Andrews (2005) verneinen interessanterweise jeglichen Einfluss der Inkubationstemperatur auf das Geschlechterverhältnis bei Jemenchamäleons.
Allerdings wurden für diese Untersuchung lediglich Daten aus fünf Gelegen ausgewertet, so dass auch diese Analyse als vorläufiges Zwischenergebnis zu werten ist. Es bleibt also noch viel Gelegenheit für weitere systematische Beobachtungen durch engagierte Züchter, um das Phänomen TAGA bei Jemenchamäleons genauer zu charakterisieren.

Aufzucht

Frisch geschlüpfte Jemenchamäleons sind je nach Zuchtstamm und Inkubationsmethode zwischen 40 und 70 mm groß und bereits vollkommen selbstständig. Zunächst fehlt noch der typische Helm und bis auf die beiden Lateralstreifen sind die Jungtiere einheitlich grün gefärbt. Auf den Boden gesetzt, zeigen sie jedoch bereits die in dieser Situation typische Stressfärbung (s. Abb. unten) und offenbaren damit schon jetzt, wie ihre Farbmuster im Erwachsenenalter verteilt sein werden. Ein hilfreicher Trick, wenn man z. B. auf bestimmte Farbmuster gezielt selektionieren möchte und potenzielle Zuchttiere rechtzeitig reservieren will. Die frisch geschlüpften Chamäleons laufen in den ersten Lebenstagen oft, fast permanent lebhaft umher. Dadurch verteilen sie sich in der Natur wahrscheinlich rasch auf ein größeres Gebiet und reduzieren so die Wahrscheinlichkeit, Beutegreifer auf sich aufmerksam zu machen. Manche Tiere ziehen anfangs noch einen kleinen Dottersack hinter sich her, der aber bald von selbst abfällt. Viele Autoren

Frisch geschlüpftes Jemenchamäleon (*Chamaeleo calyptratus*) in Stressfärbung

raten zur Einzelaufzucht der Winzlinge. So ist garantiert, dass jedes Tier ausreichend Zugang zu Futter hat, stressfrei aufwächst und sein Verhalten problemlos über längere Zeit kontinuierlich verfolgt werden kann. Das ermöglicht ein frühzeitiges Erkennen etwaiger Auffälligkeiten oder Probleme. Aber es gibt auch Nachteile dieser Aufzuchtsmethode. So reagieren solch isoliert aufgezogenen Tiere später in der Regel besonders heftig auf Artgenossen, was bei späterer Vergesellschaftung oder Zucht Probleme bereiten kann. Auch gehen sie bisweilen schlechter an unbekanntes Futter als in Gruppen aufgezogene Tiere, denen der Futterneid einen wichtigen zusätzlichen Anreiz zur Nahrungsaufnahme gibt. Nicht zuletzt scheinen sie bisweilen Einschränkungen in der verfügbaren Vielfalt an Farbmustern zu haben. Vielleicht, weil sie durch die weitgehend emotionsarme Einzelhaltung wenig Gelegenheit hatten, Farbmuster zu „üben".

Größte Vorsicht muss man beim Tränken der Jungtiere walten lassen. Hier kann es bei unsachgemäßem Sprühen zu Todesfällen durch Ertrinken kommen

Aber wie auch immer: Da kaum ein Privatzüchter genug Zeit und Platz zur Verfügung hat, um auf einen Schlag mehrere Dutzend Aufzuchtterrarien gleichzeitig optimal zu versorgen, ist die Gruppenaufzucht nach wie vor die verbreitetste Unterbringung junger Jemenchamäleons.

Zu diesem Zweck haben sich einfach eingerichtete Terrarien bewährt. Für etwa 10 Jungtiere reicht ein 50 x 50 x 70 cm messendes Becken für die ersten vier bis sechs Wochen nicht nur aus, sondern ist auch ein empfehlenswertes Maß. In deutlich größeren Becken ist es schwierig, Futtertiere in der erforderlich hohen Dichte anzubieten. Da die Jungtiere sehr anfällig gegen Überhitzung sind und mit kleinen Futtertieren ernährt werden müssen, eignen sich drosophiladichte, luftige Gazeterrarien hier besonders gut. Die Einrichtung sollte einfach gehalten werden, um leichte Reinigung und Kontrolle ebenso zu ermöglichen, wie den Futtertieren ein Verstecken zu erschweren. Daher hat es sich bewährt, auf einen Bodengrund ganz zu verzichten und lediglich einen einzelnen größenmäßig passenden *Ficus benjamina* oder eine ähnliche Pflanze, ergänzt durch dünnes Astgewirr, in das Becken einzubringen. Als Beleuchtung und Heizung eignen sich für ein Becken dieser Größe zwei bis drei 20-W-Niedervolt-Halogenspots, die 10 cm über dem Becken angebracht werden sowie eine 15-W-Tageslicht-Leuchtstoffröhre, die dem Behälterdeckel direkt auf-

Junges Jemenchamäleon

liegt. Statt der Halogenstrahler kann man auch jeweils einen 35-W-HQI/HCI-Strahler einsetzen, der eine besonders geringe Wärmeentwicklung bei extremer Lichtausbeute aufweist. Zwar mögen auch die Chamäleonschlüpflinge warme Sonnenplätze, doch sind dauerhaft hohe Temperaturen über 25 °C ohne kühlere Rückzugsplätze bereits gefährlich. Daher ist vor allem bei Glasbecken unbedingt zu prüfen, ob die Beleuchtungseinrichtungen den Behälter nicht zu sehr aufheizen. Zu lange überhitzte junge Jemenchamäleons färben sich letztlich schwarz und rollen sich embryoartig zusammen. So fallen sie vom Geäst und bleiben liegen, egal, wo sie aufkommen. An einen kühlen Ort gebracht, erholen sie sich meist innerhalb von 12–16 Stunden. Ohne Änderung der Bedingungen sterben sie aber oft einige Stunden nach dem Herunterfallen. In einem Aufzuchtbehälter für frisch geschlüpfte Jemenchamäleons darf keinesfalls eine Wasserschale stehen. Die Tierchen können bereits in zwei Millimeter tiefem Wasser ertrinken. Trotzdem haben sie einen hohen Trinkbedarf und der Behälter sollte mindestens zweimal täglich ausgesprüht werden. Hierbei aber auch gut auf alle Tierchen achten: Frisch geschlüpfte Tiere, die mit dem Kopf nach unten sitzen, können schon in einem sich an ihrer Schnauze sammelnden größeren Wassertropfen ertrinken!

Als Futter für die Winzlinge eignen sich in den ersten Tagen vor allem Fruchtfliegen (*Drosophila*), die in der Regel von allen Schlüpflingen spontan angenommen werden. Wer darauf achtet, nur Ansätze flugunfähiger Fliegen zu kaufen, erspart sich oft viel Ärger. Denn wirklich 100 % drosophiladicht ist kaum ein Terrarium. *Drosophila* sind jedoch leider keine gute Alleinnahrung für junge Jemenchamäleons.

Ausschließlich mit Drosophila gefütterte Jungtiere wachsen deutlich langsamer und weisen höhere Ausfallraten auf, als abwechslungsreich ernährte Tiere. Selbst, wenn die Fruchtfliegen gehaltvoll angefüttert und mit hochwertigen Vitamin-Mineralstoffpräparaten bestäubt werden.

In letzter Zeit konnten außerdem mehrere zunächst unerklärliche Todesfälle bei verschiedenen Echsenschlüpflingen letztlich auf die Verfütterung von *Drosophila* aus mit Milben befallenen Kulturen zurückgeführt werden. Die auf den Fliegen sitzenden Milben drangen in die Atemwege der Echsen ein und führten so schließlich zum Tod. Daher ist unbedingt auf Milbenfreiheit der zur Fütterung eingesetzten Drosophilakulturen zu achten und man sollte au-

Eine Gruppe drei Wochen alter Jungtiere

Aufzuchtbehälter für junge Chamäleons

ßerdem alles versuchen, um den Schlüpflingen maximale Futterabwechslung zu bieten. Nicht nur beugt man so Mangelerscheinungen vor, sondern man vermeidet auch eine Prägung auf eine bestimmte Futtersorte. Einseitig ernährte Jungtiere sind unter Umständen zeitlebens nur schwer an neue unbekannte Futtertiere zu gewöhnen. Was aber kann man außer *Drosophila* anbieten? „Mikrogrillen", also kleine Grillenlarven, sind im Prinzip ein gutes und nahrhaftes Startfutter. Da die Grillen aber leider rasch vom Geäst zu Boden klettern und dort verbleiben, werden sie in der Regel nur zum Teil von den Chamäleons erwischt. Ein hervorragendes Futter ist gesiebtes Wiesenplankton (s. S. 40). Dazu stellt man eine Dose mit Wiesenplankton für etwa 45 Minuten in einen Kühlschrank und schüttelt den Inhalt durch ein Sieb mit etwa vier Millimeter Maschenweite. Sehr bald nach dem Schlupf bewältigen die Jungtiere auch bereits die so genannten Krullfliegen oder Terflies, eine flugunfähige Zuchtform unserer Stubenfliege. Eher als Beikost eignen sich kleine Larven des Getreideschimmelkäfers (*Alphitobius diaperinus*), die so genannten „Buffalo-Würmer". Wer eine eigene *Zophobas*-Zucht hat, kann sehr bald ganz kleine Larven dieser Käfer anbieten. Im Alter von wenigen Wochen bewältigen die Jungtiere dann auch schon frisch geschlüpfte Wanderheuschrecken.

Besonders wichtig ist, dass alle Futtertiere mit einem geeigneten Vitamin-Mineralstoff-Gemisch eingestäubt werden. Vor allem eignen sich phosphorfreie Präparate mit hohem Kalzium und Vitamin-D-Anteil. Stehen keine phosphorfreien Präparate zur Verfügung, sollte man die Mineralmischungen mit fein zermörsertem Kalziumzitrat oder Kalziumlaktat 1 : 1 mischen. Sehr bewährt hat sich auch, das Sprühwasser mit fünf bis zehn Tropfen Vitakombex® pro 100 ml Wasser zu versetzen. Unter diesen Bedingungen wachsen die meisten Jemenchamäleons rapide und haben im Alter von sechs Monaten bereits 20–30 cm Gesamtlänge erreicht. Mit etwa einem Jahr ist dann die jeweilige Endlänge weitgehend erreicht. Die Tiere, vor allem die Männchen, legen im zweiten Lebensjahr aber noch einmal erheblich an Körpermasse zu.

So lange kann man die Tiere natürlich auf keinen Fall gemeinsam aufziehen. Zwar können Weibchen oft lebenslang in Gruppen zusammen gehalten werden, doch wird man die Jungtiere dennoch bald in verschiedene Gruppen aufteilen und vereinzeln müssen. Daher sollte man sich spätestens beim Schlupf Gedanken über ihre weitere Unterbringung machen, beziehungsweise nach Abnehmern suchen. Zunächst aber muss man – gegebenenfalls mehrfach – all die Tiere separieren, die sich viel am Boden aufhalten oder dauernd Stressfärbung zeigen. Gleiches gilt für Individuen, die auffallend aggressiv ge-

genüber ihren Geschwistern sind. Solche Tierchen setzt man zunächst in einfache Klarsicht-Lebensmittelvorratsdosen von etwa zwei Liter Inhalt. Durch Anbringen einer Lüftungsöffnung aus Drahtgaze, einem kleinen verzweigten Ast und einer belaubten Seidenpflanze als Deckung, verwandelt man solche Behältnisse leicht in ein geeignetes „Mini"-Terrarium. Beleuchtung und Heizung erfolgen z. B. durch einen 10-W-Niedervolt-Halogenstrahler und eine 4-Watt-Leuchtstoffröhre. Spätestens mit fünf bis sechs, manchmal schon mit drei Monaten beginnen die Männchen, aggressiv aufeinander zu reagieren und pro Gruppe darf dann nur noch ein Männchen gehalten werden. Mit spätestens vier Monaten sind die Männchen aber dann auch von den Weibchen zu trennen, da sonst bereits Paarungen stattfinden, die zu verfrühter Trächtigkeit frühreifer Weibchen führen. Für die separierten Tiere, aber natürlich auch für die Gruppen muss die Größe der Aufzuchtterrarien selbstverständlich dem rapiden Wachstum der Jemenchamäleons regelmäßig angepasst werden. Wichtig ist auch zu wissen, dass das Umfeld während der Aufzucht wahrscheinlich auch die Reichhaltigkeit der späteren Farbpalette mit prägt, was besonders für Männchen wichtig ist.
Unterdrückte Tiere, die nicht separiert wurden, zeigen oft zeitlebens düstere Farben. Gleiches gilt für zu dunkel oder in zu dunkler Umgebung aufgezogene Tiere. Es kann daher Sinn machen, die Wände der Aufzuchtterrarien in hellen, leuchtenden Farben zu halten.
Besonders bei der Paarung nahe verwandter Exemplare treten unter den Nachzuchten mit einer gewissen Regelmäßigkeit Kümmerformen auf. Solche Tiere wachsen extrem langsam und viele sterben in den ersten zwei Lebensmonaten. Weitere gedeihen zunächst gut, sterben aber beim Eintritt in die Geschlechtsreife. Manche überleben aber auch diesen Zeitpunkt und reifen zu extrem kleinen Erwachsenen heran, die ein normales Lebensalter erreichen können, aber auf keinen Fall zur weiteren Zucht verwendet werden sollten. Sehr kleinwüchsige Weibchen neigen außerdem zu Legenot, da die normal großen Eier für sie nur schwer abzulegen sind. Diese Tiere sollten nicht, mit durch mangelhafte Ernährung während der Aufzucht entstandenen Zwergen, verwechselt werden. Auch bei optimaler Haltung und Ernährung bleiben sie nämlich im Wachstum weit hinter ihren Geschwistern zurück. So z. B. ein Männchen aus eigener Zucht, dass im Alter von drei Jahren lediglich 18 cm Gesamtlänge aufwies. Erstaunlicherweise ist trotz der recht leichten Zucht und der hohen Vermehrungsrate die Nachfrage nach Jemenchamäleons auch nach vielen Jahren immer noch größer als das Angebot. Das freut den Züchter, der seine Nachzuchten gut absetzen kann, heißt aber auch, dass den meisten Tieren kein langes Leben beschert sein wird und unterstreicht die Wichtigkeit, sich auch bei diesen als Einsteigerart geltenden Tieren vorab gründlich über die Haltungsbedingungen zu informieren.
Hier schließt sich nun die Frage an, welches Lebensalter Jemenchamäleons im Optimalfall erreichen können.

Lebenserwartung

Zwar sind Einzelfälle bekannt, in denen männliche Jemenchamäleons ein Alter von über zehn Jahren erreicht haben, doch zeigen die meisten Männchen ab einem Alter von fünf bis sechs Jahren bereits deutliche Vergreisungssymptome: Sie paaren sich nicht mehr und Knochen und Muskelstrukturen treten trotz guter Ernährung deutlicher unter der rauer werdenden Oberhaut hervor. Auch das Farbwechselvermögen lässt nach und die Grundfärbung wirkt grauer. Ein Männchen von sieben Jahren ist bereits selten anzutreffen. Weibchen leben in der Regel noch kürzer. Meist setzen sie in ihrem Leben vier bis zehn, normalerweise aber nicht mehr als sechs Gelege ab. Sparsam ernährte Weibchen, die kühl überwintert werden, können ein Alter von vier bis sechs Jahren erreichen. Doch sind vierjährige Weibchen schon relativ selten.

Furcifer pardalis

Das Pantherchamäleon *Furcifer pardalis* (Cuvier, 1829)

Systematik

Das Pantherchamäleon wurde 1829 von G. Cuvier als *Chamaeleo pardalis* beschrieben, als Terra typica findet sich die Angabe Ile de France, das heutige Mauritius. Im Jahre 1832 beschrieb Lesson *Chamaeleo ater* aus Madagaskar, Duméril & Bibron synonymisierten 1836 dies mit *Chamaeleo pardalis*. Dabei bezeichneten die beiden Franzosen *C. ater* als *C. niger*. Somit wurde auch der Name *Chamaeleo niger* zu *Chamaeleo pardalis* gestellt. J. Gray hingegen, nannte die Art in seiner Arbeit 1865 *Cyneosaura pardalis*. Im Jahr 1888 wurde die Art von Boulenger als *Chamaeleo guentheri* beschrieben. Günther beschrieb dann 1891 von Anorontsangana in NW-Madagaskar *Chamaeleo longicauda*. Dies wurde von Moquard 1909 zu *C. pardalis* gestellt. Werner befasste sich ebenfalls mit der Art und beschrieb 1899 *Chamaeleo axillaris,* das er selbst drei Jahre später (1902) zu *C. pardalis* stellte. Chabanaud beschrieb im Bulletin Histoire Naturelle in Paris 1923 *Chamaeleo krempfi* und gab als Terra typica „Indochine, une des petites îles du golfe de Siam, peut-être Poulo Condore“ an. Er stellte es aber noch im gleichen Jahr zu *C. pardalis*, da die Fundortangaben nicht korrekt waren.

Durch die kritische Beleuchtung der gesamten Familie Chamaeleonidae durch Klaver & Böhme (1986) kam wieder Bewegung in die Einteilung. Die beiden Wissenschaftler verglichen die unterschiedlichen Hemipenisstrukturen miteinander und entwickelten eine daraus folgende Phylogenie. Dieses Schema prüften sie wiederum mit anderen systematischen Ansätzen (wie karyologische, osteologische und lungenmorphologische Merkmale). Die Familie Chamaeleonidae wurde dabei in zwei Unterfamilien (Brookesiinae – die Stummelschwanzchamäleons und Chamaeleoninae – die Echten Chamäleons) gespalten. Zu den Chamaeleoninae wurden nicht wie bisher eine Gattung (*Chamaeleo*), sondern sechs Gattungen (*Bradypodion*, *Calumma*, *Chamaeleo*, *Furcifer*, *Kinyongia* und *Nadzikambia*) gestellt. In die zuletzt genannte Gattung wurde danach das Pantherchamäleon gestellt – *Furcifer pardalis*.

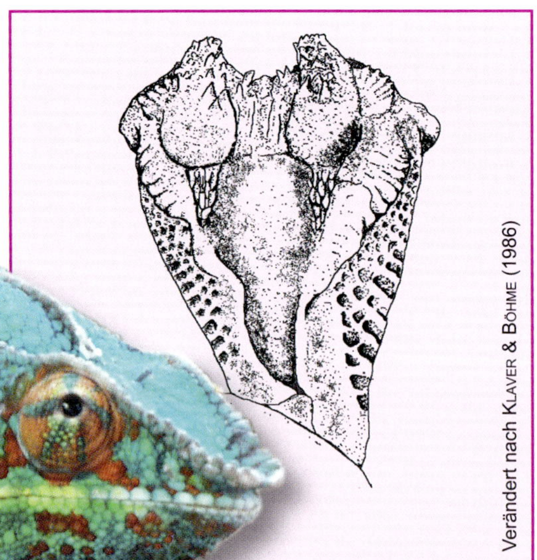

Hemipenis von *Furcifer pardalis*

Hypothetischer Stammbaum der Chamaeleoninae nach KLAVER & BÖHME (1988)

Synonymieliste:

1829 *Chamaeleo pardalis* CUVIER
1832 *Chamaeleo ater* LESSON
1865 *Cyneosaura pardalis* GRAY
1888 *Chamaeleo guentheri* BOULENGER
1891 *Chamaeleon longicauda* GÜNTHER
1899 *Chamaeleon axillaris* WERNER
1836 *Chamaeleo pardalis* DUMÉRIL & BIBRON
1836 *Chamaeleo niger* DUMÉRIL & BIBRON
1911 *Chamaeleon pardalis* WERNER
1911 *Chamaeleon guentheri* WERNER
1911 *Chamaeleon longicauda* WERNER
1923 *Chamaeleon krempfi* CHABANAUD
1966 *Chamaeleo pardalis* MERTENS
1966 *Chamaeleo guentheri* MERTENS
1986 *Furcifer pardalis* KLAVER & BÖHME
1994 *Furcifer pardalis* GLAW & VENCES
2004 *Furcifer pardalis* NEČAS

Name

Der Gattungsname *Furcifer* entstammt aus dem Lateinischen furca (= Gabel) und ferre (= tragen), „Gabeltragend“. Die Namensgebung bezieht sich also auf die typischen gegabelten Nasenfortsätze der gesamten Gattung. Der Artname *pardalis* stammt ebenfalls aus dem Lateinischen und bedeutet pantherähnlich und spielt auf die Zeichnungsmerkmale an.

Im englischsprachigen Raum wird von „Panther Chameleon“ gesprochen und in Frankreich nennt man das Pantherchamäleon „Caméléon panthère“.

Auf Madagaskar wird laut BRYGOO (1971) von Tana (malgache) oder Amboalavo (Dialekt der Betsimisaraka) gesprochen.

Der gegabelte Schnauzenfortsatz gab der Gattung *Furcifer* ihren Namen

Verbreitungsgebiet von *Furcifer pardalis*

Verbreitung und Lebensraum

Furcifer pardalis lebt endemisch auf Madagaskar und den benachbarten Inseln wie Nosy Bé („Große Insel"), Nosy Boraha (St. Marie), Nosy Mangabe. Weitere Tiere wurden auf den Inseln Nosy Faly, Nosy Komba, Nosy Mitsio, Nosy Sakatia und Nosy Tanikely gefunden. Ebenfalls leben Populationen auf Réunion und Mauritius, allerdings wurden die Tiere dort wahrscheinlich ausgesetzt (Bourgat 1969; Martin & Wolfe 1992; Glaw & Vescens 2007; Nečas 2004).

Hauptsächlich ist das Pantherchamäleon im Norden und Nordosten Madagaskars verbreitet. An der Ostküste reicht das Vorkommen bis tief in den Süden. An der Nordwestküste bis auf die Höhe Nosy Bé. Fundorte um Tolagnaro (Fort-Dauphin, Tolanaro) und Mandraka konnten bisher nicht bestätigt werden (Glaw & Vescens 2007; Edwards, schriftl. Mittl. 2005).

Trotz des großen Verbreitungsgebietes, der verschiedenen Farbmorphe und dem inselartigen Vorkommen werden zurzeit keine validen Unterarten anerkannt.

Die Ostküste Madagaskars ist geprägt von tropischen Wäldern. Zu finden ist das Pantherchamäleon in Kulturflächen und Sekundärwäldern sowie in dichten Wäldern und deren Randregionen. Besonders bevorzugen die Tiere sonnenexponierte Stellen. Die Höhenverbreitung liegt bis zu 1200 m ü. NN (Bartlett & Bartlett 1995; Ferguson et al. 1995).

Innerhalb des großen Verbreitungsgebietes treten sehr unterschiedliche Klimaprofile auf. So weist Antsiranana (Diego-Suarez) im Norden Madagaskars eine mittlere Jahrestemperatur von 26,8 °C und eine mittlere Niederschlagsmenge von 915 mm auf. Für Toamasi-

Pantherchamäleon (*Furcifer pardalis*)

Pantherchamäleon (*Furcifer pardalis*) im natürlichen Lebensraum auf der Insel Nosy Bé

ma (Tamatave) gelten Werte von 23,9 °C und 3500 mm. Obwohl *Furcifer pardalis* ausgesprochen anpassungsfähig ist, ist für eine optimale Pflege die Kenntnis des Herkunftsortes und der dort herrschenden klimatischen Bedingungen wertvoll. Anhaltspunkte zur Herkunft kann die farbliche Ausprägung geben, die im Folgenden noch beschrieben wird. Klimatische Daten lassen sich entsprechenden Atlanten entnehmen, wie z. B. dem „Handbuch ausgewählter Klimastationen" der Uni Trier von MANFRED J. MÜLLER, dem obige Angaben entnommen sind.

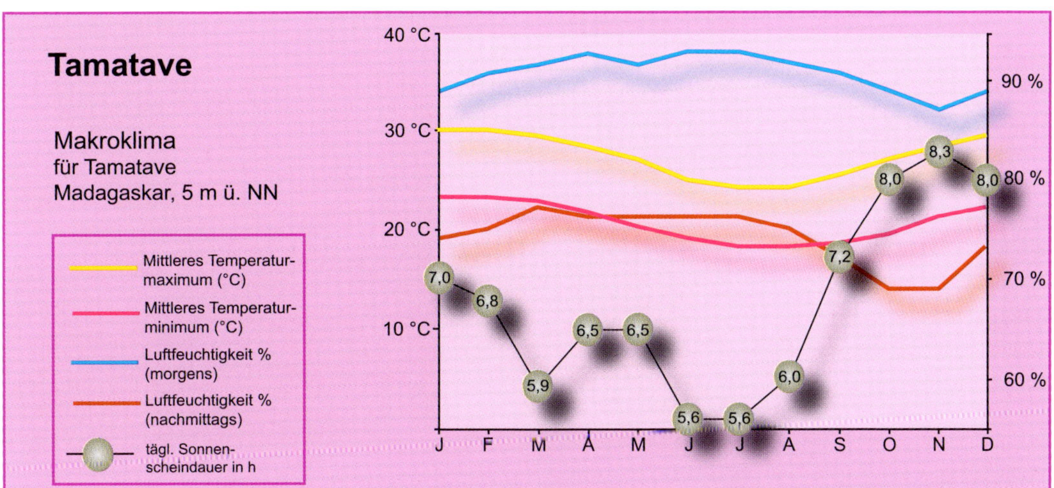

Furcifer pardalis ist im Biotop optimal getarnt

Besondere Merkmale des Pantherchamäleons

Das Pantherchamäleon weist, im Gegensatz zum Jemenchamäleon, in seiner Gestalt keine besonderen Merkmale auf. Lediglich die Oberkante der Schnauze wird durch große Tuberkelschuppen betont und erscheint so etwas verbreitert. Der Körper ist relativ schlank. Der Schwanz erreicht in etwa nochmals die Körperlänge. Männchen erreichen Gesamtlängen von 40–45 cm, in einigen Fällen sogar von knapp über 50 cm, während Weibchen selten mehr als 35 cm aufweisen. Die Beschuppung besteht überwiegend aus gleichmäßig kleinen Schuppen mit vereinzelten größeren Plattenschuppen. Der über den Rücken und den Bauch sowie die Kehle verlaufende Kamm besteht aus

Pantherchamäleons gelten als Kulturfolger

als Bedrohung empfunden, sondern positiv mit wahrscheinlicher Futtergabe assoziiert und die Chamäleons zeigen bei den täglichen Verrichtungen keine Anzeichen von Stress. Dies erleichtert sowohl Fütterung als auch Tränkung und die Kontrolle der Tiere auf ihren Gesundheitszustand hin. Es ist beispielsweise sehr einfach, die Tiere zu wiegen und trächtige Weibchen früh zu erkennen.

Die Färbung der Männchen variiert sehr innerhalb des Verbreitungsgebiets. Dieser Umstand wird in den folgenden Beschreibungen der Farbformen noch näher erläutert.

Die Weibchen von *Fur-*

F. pardalis zählt zu den größeren Vertretern der Chamäleons

Stachelschuppen, die im hinteren Körperteil kleiner werden.

Normalverhalten und Stresssituationen

Im Gegensatz zu *Chamaeleo calyptratus,* das einen recht wilden Charakter aufweist und bei dem insbesondere die Männchen eher aggressiv auf Annäherungen reagieren, wird *Furcifer pardalis* sehr zahm. Die Tiere zeigen große Neugier und beobachten die Umgebung sehr genau. Innerhalb kurzer Zeit wird die Annäherung des Halters nicht mehr

Die Färbung ist oft Ausdruck des Gemütszustands

cifer pardalis zeigen vor allem Braun- und Rottöne mit eingestreuten schwarzen Zeichnungselementen, in Form von Streifen oder Kreismustern. Nicht paarungswillige Weibchen zeigen ein kräftiges Ziegelrot mit stark kontrastierender schwarzer Zeichnung. Jungtiere zeigen frisch nach dem Schlupf eine dunkle braune Färbung, die nach einigen Tagen beginnt, sich aufzuhellen. Mit Erreichen der Geschlechtsreife, nach etwa neun Monaten, zeigt sich dann die endgültige Färbung.

Sich sonnende Tiere zeigen anfänglich eine dunkle Grundfarbe, um möglichst viel Wärme aufzunehmen. Bei Erreichen der Vorzugstemperatur werden dann die typischen Farbmuster gezeigt, die bei zunehmender Hitze aufgehellt werden.

In der Nacht weisen die schlafenden Tiere eine helle, nicht sehr kontrastreiche Färbung auf.

Gegenüber Artgenossen werden, wie bei der Paarung, kräftige Farben und sehr kontrastreiche Zeichnungselemente gezeigt. Werden diese Signale nicht akzeptiert, kann es durchaus zu massiven Auseinandersetzungen kommen, die von Fauchen und auch von Bissen begleitet werden.

Gestresste Tiere zeigen oft eine dunkle bis gänzlich schwarze Färbung, unabhängig vom Alter. Insbesondere, wenn mehrere Tiere zusammengebracht werden, wie zum Beispiel bei der Aufzucht von Jungtieren, sollten Tiere, die eine Stressfärbung aufweisen, sofort von den anderen getrennt werden. Andernfalls kann der andauernde Stress zu Futterverweigerung oder auch direkt zum Tod führen.

Farbformen

Die Färbung von *Furcifer pardalis* variiert insbesondere bei den männlichen Tieren innerhalb des Verbreitungsgebietes sehr stark, was zu der nicht unumstrittenen, weil oft nicht eindeutigen Zuordnung individueller Farbvarianten zu geographischen Lokalitäten geführt hat. Ist es schon bei einem männlichen Pantherchamäleon riskant, allein von der Färbung auf die Herkunft des Tieres oder seiner Vorfahren zu schließen, so können die Weibchen aufgrund ihrer untereinander sehr ähnlichen und zudem individuell variablen Färbung ohne Kenntnis ihrer Herkunft nur äußerst selten eindeutig den geographisch passenden Männchen zugeordnet werden.

Weshalb *Furcifer pardalis* im Verbreitungsgebiet so unterschiedliche Farbformen ausbildet, ist bisher nicht geklärt. Wissenschaftliche Untersuchungen oder Feldforschungen fehlen bislang gänzlich. Die Informationen zu diesem Thema sind eher spärlich. Es gibt zwar eine Vielzahl an Informationsquellen, doch ist es ratsam, diese kritisch zu betrachten, da diesen Informationen oft ein kommerzieller Gedanke zugrunde liegt.

Einige lokale Populationen lassen sich untereinander einfach abtrennen (z. B. Ankaramy), wohingegen es bei anderen (z. B. Diégo Suarez/Sambava) sehr schwer fällt.

Dies kann unter anderem auch daran liegen, dass männliche Tiere auch innerhalb einer „definierten" Lokalform farblich sehr variabel sein können.

Inwieweit eine tatsächliche Abtrennung der Lokalformen in der freien Natur zu finden ist, entzieht sich unserer Kenntnis, sie kann aber bezweifelt werden, da augenscheinliche Barrieren fehlen. Warum sich dennoch unterschiedliche Populationen bilden konnten, kann nicht beantwortet werden.

Im Terrarium können verschiedene Farbformen untereinander voll, eingeschränkt oder aber auch gar nicht reproduktionsfähig sein. Ob es sich dabei um Einzelfälle handelt, bzw. ob Haltungsschwierigkeiten vorliegen, kann und soll hier nicht beantwortet werden. Feldforschungen wären hier vonnöten.

Dem Liebhaber kann nur geraten werden, möglichst Tiere aus demselben Verbreitungsgebiet oder aus benachbarten Regionen zur Fortpflanzung zu bringen. Grundsätzlich sollte versucht werden, unterschiedliche Lokalformen nicht miteinander zu vermischen.

Auch bei gewerblichen Zuchtfarmen in Nord- und Mittelamerika und Madagaskar besteht kommerzielles Interesse, die Populationen nicht zu vermischen.

Um dies umzusetzen, muss bekannt sein, woher die Tiere stammen. Dies setzt zum einen Vertrauen in die Bezugsquelle (Züchter/Händler) voraus, zum andern muss dieser auch über die korrekten Informationen verfügen.

Die Praxis hat gezeigt, dass die Namensgebung subjektiv zu betrachten ist. Eine einheitliche Benennung existiert bis jetzt nicht und es stellt sich die Frage, ob dies überhaupt möglich ist. Zumal neben den oben genannten Schwierigkeiten die Färbung einzelner Tiere u. a. abhängig vom Alter, Jahreszeit (Klima), Allgemeinzustand bzw. Stress und Stimmung ist.

Ferner kann, auch mit der Voraussetzung, dass der genaue Fundort des abgebildeten Chamäleons bekannt ist, die Aussagekraft von Bildmaterial in Frage gestellt werden. Bilder zeigen meist Tiere in unterschiedlichem Erregungsgrad und somit mit verschiedenen Farbabstufungen. Da es sich bei Bildern um Momentaufnahmen handelt, kann der Betrachter den Grad der Erregung zum Zeitpunkt der Aufnahme ebenso wenig beurteilen wie weitere beeinflussende Parameter (z. B. Temperatur, Licht, Umgebung).

Trotzdem versuchen wir hier einen groben Überblick über häufig angebotene populationsbedingte Formen zu geben. Generell ist ein kritischer Umgang mit Informationen geboten, zumal ein feldherpetologisches Werk zum Thema wünschenswert wäre, aber weiterhin fehlt.

Die folgenden Beschreibungen wurden mit Bezug auf die Angaben von Ivan Alfonso, USA erstellt.

Viele der Farbformen leben auf Inseln um Madagaskar

Ankaramy

Unter der handelsüblichen Bezeichnung „Pink-Panther“ oder „Ankaramy Pink“ sind die Tiere dieser Lokalform eher bekannt. Diese Pantherchamäleons stammen ursprünglich aus der Region um Ankaramy. Die Männchen weisen ein kräftiges Pink als Grundfarbe auf, versetzt mit teils blauschwarzen und violetten Stellen. Diese werden bei Erregung tiefschwarz. Der Lateralstreifen ist weiß bis gelblich gefärbt. Die Kopfleisten und der Rückenkamm sind blauviolett bzw. blauschwarz gezeichnet. Diese Form des Pantherchamäleons ist unter den Liebhabern sehr gefragt.

Weibchen dieser Farbform

Männliches Tier der Ankaramy-Form

Dieses Männchen zeigt erst ansatzweise die typische Färbung

Ambanja

Ambanja liegt an der Mündung des Flusses Sambirano gegenüber der Insel Nosy Bé im nordwestlichen Teil von Madagaskar. Die Insel weist eine dichte Vegetation auf und beinahe täglich kommt es zur Nachtzeit zu Regenfällen.

Die Männchen von *Furcifer pardalis* aus dieser Region zeigen eine blau-grüne Grundfarbe mit einer Bänderung, die von Rot, Burgunderrot und Braun bis Blau und selten Violett variiert. Die Augenlider können rotorange mit gelben Anteilen gefärbt sein. Der zweite und dritte Vertikalstreifen verbindet sich und bildet vom Rücken zum Bauch ein „Y". Der Lateralstreifen ist weiß, teilweise bläulich.

Die Lippen sind meist weiß bis gelblich. Die Tiere sind im Allgemeinen groß und haben einen ausgeprägten, nach unten ziehenden Bogen in der Rostralkante des Kopfes. Der Nasenfortsatz ist bei dieser Form am größten.

Die Tiere bevorzugen in der Haltung eine gute Belüftung mit hoher Luftfeuchtigkeit. Gegenüber der Ambilobe-Form zeigen sie ein weniger ausgeprägtes Bedürfnis nach Sonne. Bei der Haltung von Ambanja-Tieren ist diesen Besonderheiten Rechnung zu tragen, wobei sich bei uns gezeigt hat, dass sich eine gute Belüftung und ein teilweises Abschatten der Volieren bewährt.

Trinkwasser sollte zweimal täglich gereicht werden, um dem höheren Trinkbedürfnis der Form gerecht zu werden.

Obwohl die Tiere gegenüber dem Menschen nicht mehr Scheu zeigen als andere Formen, können sie bei Belästigung durchaus auch zubeißen.

Männchen (links), Weibchen (oben) der Ambanja-Form

Ankify

Ankify, eine Anlagestelle auf dem madagassischen Festland, liegt etwa 15 km südlich von Ambanja. Die männlichen *Furcifer pardalis* aus dieser Region zeigen meist die gleiche Färbung wie die Ambanja-Tiere. Bei einigen Exemplaren finden sich violette Querstreifen. Der hauptsächliche Unterschied liegt darin, dass die Männchen bei Störung und in der Nacht eine gelbe Grundfärbung aufweisen können. Dadurch kann ein beeindruckender Kontrast zur Bänderung entstehen.

Männchen von *F. pardalis* aus Ankify in der Nähe von Ambanja

Ambato/Ambanja-Blue

Bei diesen Tieren handelt es sich um eine recht neue Form im Handel.
Ambato liegt als Halbinsel (unterhalb von Nosy Faly) westlich von Ambanja und so zeigen die Männchen auch große Ähnlichkeit mit Tieren aus dieser Region.
Entsprechend wurden sie in der Vergangenheit auch als Ambanja-Formen gehandelt.
Heutzutage werden sie als türkisblaue Form bezeichnet, um eine bessere Unterscheidung zu ermöglichen.
Die Männchen erscheinen sehr groß und kräftig. Die charakteristische Grundfärbung ist ein sehr helles Blau mit braunen oder maronifarbenen Bändern. Der zweite und dritte Vertikalstreifen verbindet sich und bildet vom Rücken zum Bauch ein „Y". Der Lateralstreifen ist weiß, teilweise bläulich.
Bei Störung wird die Grundfarbe zu einem stärkeren Blau und die Bänderung wechselt zu Türkis. Die Augenhöcker zeigen dabei eine gelbe Farbe, wobei dies auch bei Tieren aus Ambanja vorkommt.
Diese sehr attraktive Form scheint in menschlicher Obhut nicht sehr langlebig und auch die wenigen Nachzuchten überlebten nicht lange.
Da diese Form nur selten im Angebot ist, beruhen die Angaben dazu nicht auf eigenen Beobachtungen, sondern auf einer Zusammenfassung der Aussagen anderer Züchter und Halter.

Männchen (links und oben), Weibchen (unten) der Ambato-Form

Nosy Bé

Die Insel Nosy Bé liegt vor der Nordwestküste von Madagaskar und beherbergt die wohl bekannteste Farbform des Pantherchamäleons. Die männlichen Tiere zeigen eine smaragdgrüne, graublaue bis olivgrüne Grundfarbe mit vielen eingestreuten roten Punkten und einen roten Augenhügel. Die Bänderung ist oft undeutlich ausgeprägt, sie ist dunkler als die Grundfärbung. Der Lateralstreifen ist weiß bis bläulich gefärbt. Die Lippenschilder sind meist gelblich. Vor Jahren wurden auch einfarbig blaue Tiere von Nosy Bé importiert.

Diese blaue Farbform wird aber heute als Wildfang nicht mehr angetroffen, eventuell eine Folge des zu intensiven Fanges für den Tierhandel.

Männliche Tiere, die als Import von Nosy Bé stammen, scheinen in ihrem Verhalten etwas nervös und sind entsprechend in der Haltung nicht einfach. Diese Form ist bei Chamäleonhaltern sehr beliebt und daher weit verbreitet. Die Tiere sind in der Regel problemlos erhältlich. Heute werden die Nosy-Bé-Tiere oft mit der Blaufärbung in Zusammenhang gebracht, wobei diese „blauen" Tiere zu den meistgesuchten Formen zählen und von Liebhabern durch gezielte Zucht über Generationen erhalten werden konnten.

Männchen der Nosy-Bé-Form, oben ein Tier der blauen Varietät in Ruhestellung

Nosy Tanikely

Männchen aus Nosy Tanikely

Nosy Tanikely liegt westlich von Nosy Komba. Die Pantherchamäleons dieser Insel sehen den *Furcifer pardalis* von Nosy Bé sehr ähnlich. Die Grundfarbe der männlichen Tiere variiert von grünlich bis graublau. Die Augenhügel sind grün mit rot eingestreuten Punkten. Die Rostralkante ist graublau bis grau. Die Bänderung ist oft undeutlich ausgeprägt, sie ist dunkler als die Grundfärbung. Der Lateralstreifen ist weiß bis bläulich gefärbt. Die Lippenschilder sind gelblich.

Blick auf den Strand von Nosy Komba

Nosy Komba

Männchen (oben), Weibchen (unten) aus Nosy Komba

Die Tiere von Nosy Komba weisen, wie die von Nosy Tanikely, eine sehr große Ähnlichkeit mit den Pantherchamäleons von Nosy Bé auf. Nach ANDREONE et al. (2003) sollen auf dieser Insel keine Tiere mehr zu finden sein. Allerdings konnte ZEDDEL (schriftl. Mittl. 2006) im Januar 2005 auf Nosy Komba sowohl männliche als auch weibliche *Furcifer pardalis* fotografieren. Vom Handel werden immer wieder Tiere mit dieser Fundortangabe angeboten, ob sie allerdings wirklich von Nosy Komba stammen oder doch eher von Nosy Bé, muss dahingestellt werden.

Ambilobe

Ambilobe liegt im nordwestlichen Teil von Madagaskar, im Norden an Diego Suarez und im Süden an Ambanja angrenzend. Der Ort liegt im Flusstal des Mahavavy, inmitten von Zuckerrohrplantagen und ist etwa 100 Kilometer von Diego Suarez entfernt. Die Pantherchamäleons aus der Region von Ambilobe gehören zweifellos zu den am prächtigsten gefärbten Vertretern der Art.

Die Färbung von männlichen *F. pardalis* aus Ambilobe ist sehr variabel, so dass eine allgemeine Beschreibung schwierig ist.

Grundsätzlich zeigen die Tiere eine hellgrüne Grundfärbung mit blauer oder roter Bänderung. Der zweite und dritte Vertikalstreifen verbindet sich und bildet vom Rücken zum Bauch ein „Y". Der Lateralstreifen ist weiß bis bläulich. Die Rückenstacheln sind meist orange oder pink gefärbt, wobei sich die Färbung über die ganze Stachelschuppe oder auch nur auf Teile davon hinziehen kann.

Einzelne Exemplare zeigen auch rote und/oder orange Anteile an den Extremitäten oder an Kopf und Schwanz.

Bei Störung zeigen die Männchen einen leuchtend gelben Grundton, während alle anderen Farben verstärkt erscheinen, dies ergibt den Eindruck eines „Explodierens" der Färbung.

Andere Ambilobe-Tiere zeigen eine vorherrschende Rotfärbung des Körpers und weisen kein Gelb auf.

Die als Anubis bezeichneten *F. pardalis* sind eine solche Form mit einer rostroten Grundfärbung und moosgrünen und blauen Bändern sowie weißen Lippen.

Bei Störung zeigen Anubis-Tiere ein kräf-

Männchen (links und unten), Weibchen (oben) der Ambilobe-Form

tiges Rot mit leuchtend blauer Bänderung, die Kopfoberseite wird hellblau, die Lippen bleiben weiß.

Die Färbung der Weibchen ist ebenfalls sehr variabel. Bei unseren Tieren haben wir gelbe,

grüne, blaue und braune Grundfärbungen festgestellt.

In Gefangenschaft zeigen unsere Tiere ein hohes Bedürfnis nach Sonne und bevorzugen hohe Temperatur- und Feuchtigkeitswerte, dabei muss gleichzeitig auf eine gute Belüftung geachtet werden.

Für die Nachzucht gelten die gleichen Angaben wie für andere Lokalformen. Bei unseren Nachzuchten haben wir im selben Gelege sowohl rot- als auch blaugebänderte Jungtiere vorgefunden – ein Gelege kann also beide Formen aufweisen. Das durchschnittliche Gewicht unserer Tiere beträgt 190 g, dabei sind die Männchen schwerer als die Weibchen.

Männchen (oben und unten) in Erregung und Weibchen (Mitte) der Ambilobe-Form

Pärchen (oben) während eines Paarungsversuchs, Männchen (unten) im Alter von fünf Monaten

Picasso Tiere/Sirama

Es wird diskutiert, ob Ambilobe- und Picasso-Tiere der gleichen Form angehören, wobei noch keine endgültige Meinung vorherrscht. Sicher ist, dass beide „Formen“ große Übereinstimmungen zeigen. Die Stadt Sirama liegt westlich von Ambilobe, sie ist hauptsächlich bekannt durch eine Zuckerfabrik, die auch Namensgeber der Stadt ist. Siramamy bedeutet auf madagassisch Zucker.

Nosy Mitsio/Soabana

Tiere aus dieser Region werden erst seit kurzer Zeit importiert. Bei den ersten Importen wurden verschiedene Bezeichnungen verwendet, um die genaue Herkunft zu verschleiern, was denn auch zu Konfusionen führte. Es handelt sich um eine isolierte Population auf der Insel Nosy Mitsio, die nördlich von Nosy Bé liegt. Die Männchen zeigen eine limonengrüne Grundfarbe, die sich bei Erregung zu Gelb wandelt. Musterungen wie Streifen oder Ähnliches sind nur schwach ausgebildet. Die Lippenschilder sind weiß, mit einer rötlichen Umrandung.
Die Augenhügel sind meist rot gefärbt und die Rostralkanten dunkelblau bis schwarz. Es handelt sich also um einen sehr geschlossenen Farbtyp ohne Variationen. Die Ticre wirken sehr ruhig und sind eher scheu, was wohl als Folge der isolierten Herkunft, die wenig Kontakt zu Menschen bietet, zu sehen ist. Erste Haltungserfahrungen liegen vor und es wird sich in nächster Zeit zeigen, inwieweit diese Form anspruchsvoller in der Haltung sein wird als andere.

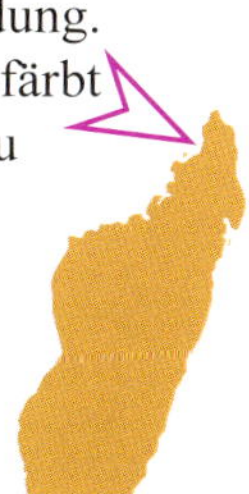

Männchen und Weibchen (rechts) der Nosy-Mitsio-Form

Diégo Suarez/Antsirañana

Männchen (oben), Weibchen (unten) der Diégo-Suarez-Form

Diégo-Suarez ist die mit Abstand größte Stadt im Norden Madagaskars.

Männliche Tiere dieser Form besitzen eine grünliche Grundfärbung, die bei Erregung in Gelb umschlägt. Die Vertikalbänder sind braun bis dunkelrot gefärbt. Das 2. und 3. Band ist oft an der Bauchseite verbunden. Der Lateralstreifen ist weiß bis bläulich gefärbt. Die Lippenschilder sind weiß bis gelblich. Die Augenhöcker zeigen dabei eine braune bis dunkelrote Farbe. Die Pantherchamäleons dieser Lokalform sehen denen aus Sambava sehr ähnlich.

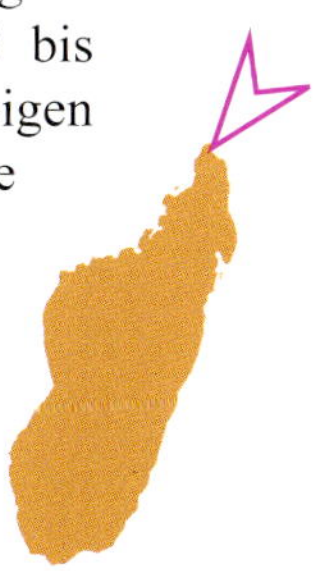

F.-pardalis-Männchen aus der Umgebung von Diégo Suarez, bis ca. 800 m ü. NN, Richtung Joffreville/Mt. Ambre

Sambava

Sambava, an der Nordostküste, ist neben Antalaha bekannt als eines der Hauptzentren der Vanilleproduktion in Madagaskar.
Die Männchen dieser Region sind bekannt dafür, in Ruhe eher unauffällige und bei Aufregung spektakuläre Farben zu zeigen. In Ruhe weisen die Männchen hauptsächlich eine dunkelgrüne Grundfärbung mit rostroten oder braunen Bändern auf. Der zweite und dritte Vertikalstreifen verbindet sich und bildet vom Rücken zum Bauch ein „V" oder ein „Y". Der Lateralstreifen ist weiß bis bläulich gefärbt. Die Lippenschilder sind weiß. Einige Tiere zeigen auch etwas Orange an Beinen und Kopf. Doch bei Erregung wechselt die Grundfarbe vom Dunkelgrün zu einem intensiven Gelb und die Bänderung kann ein kräftiges Rot annehmen. Ebenso beginnt ein gegebenenfalls vorhandenes Orange im aufgeregten Zustand zu leuchten und man könnte den Eindruck gewinnen, plötzlich ein anderes Tier vor sich zu haben. Die Sambava-Form wird für ein Pantherchamäleon relativ groß, zeigt sich im Umgang aber ruhig.

Männchen (oben), Weibchen (unten) aus der Region Bemarivo, nördlich von Sambava

Männchen (oben und Mitte), Weibchen (unten) aus Sambava

Andapa

Furcifer pardalis aus der Nähe von Ambanizana, nordöstlich der Bucht von Antongil

Über diese Form kann wenig gesagt werden, da sie sehr selten importiert wird und die Tiere meist in schlechter Verfassung sind. Andapa liegt südwestlich von Sambava und die Tiere dieser Regionen zeigen große Übereinstimmungen. Die Leuchtkraft der Farben Gelb, Grün und Orange erscheint bei erregten Tieren aus Andapa etwas ausgeprägter als bei Tieren aus Sambava. Vereinzelt zeigen sie auch etwas mehr Orange oder Gelb. Die Grundfärbung ist grünlich mit rötlichen Anteilen. Aus den bereits erwähnten Gründen lassen sich aber keine schlüssigen Angaben zu dieser Form machen.

Maroantsetra

Furcifer pardalis aus Maroantsetra in Erregungszustand (oben), unten von Nosy Mangabe

Tiere aus der Region Maroantsetra zählen zu den am seltensten im Terrarium gehaltenen Formen von *Furcifer pardalis*. Echte Importe aus Maroantsetra gibt es nur in sehr geringer Zahl. Die Tiere scheinen aber der Tamatave-Form sehr ähnlich zu sein. Die Grundfarbe der Männchen ist ein Grün, das zu Orange und Rot wechseln kann. Unterhalb des weißen Lateralstreifens nehmen die roten bis orangefarbenen Anteile zu. Einige Tiere zeigen auch weiße Anteile an der Kopffärbung. In Erregung sind die Tiere leuchtende orange bis rot gefärbt. Fast gleich sind auch Tiere von Nosy Mangabe gefärbt. Die Form wird nicht sehr groß, ist aber kräftig. Sie stellt zudem keine sehr außergewöhnliche Farbvarietät dar, was auch ihre seltene Haltung erklärt.

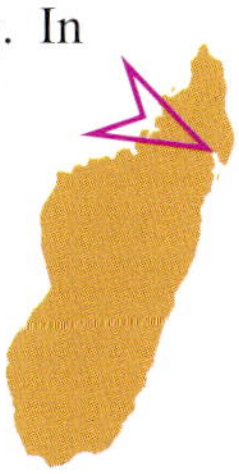

Männchen des Pantherchamäleons aus dem Wald von Foret de Kalalao St. Marie

Die Insel St. Marie ist auch unter dem Namen Nosy Boraha bekannt und beherbergt eine besondere Form von *F. pardalis*. Die Männchen sind sehr robust und wehrhaft.

Es gab immer wieder Importe von fast einheitlich grauen Tieren, die keinen Farbwechsel bei Aufregung zeigen. Die häufigste Färbung ist jedoch ein Elfenbeinweiß, mit rostroten Flecken und feinen Linien. Die Tiere wechseln ihre Farbe bei Aufregung in ein fast reines Weiß mit heller roter Zeichnung. Die Lippen sind gelblich gefärbt. Ein weiterer Typ findet sich in Küstennähe (Grubenmann, mündl Mittl. 2006): Diese Tiere sind schwarz-weiß gefärbt. Dabei handelt es sich nicht um eine Stressfärbung. Da die Nachfrage an farbenfroheren Formen, die zudem einfacher zu halten sind, wesentlich größer ist, werden Tiere aus St. Marie selten importiert.

Die schwarz-weiße Form aus der Küstennähe bei der Bungalow-Anlage La Crique, St. Marie

Tamatave

Tiere aus der Region von Tamatave sind schon lange unter Liebhabern bekannt. Sie wurden als „rote Panther" bezeichnet, da der genauen Lokalität noch keine große Bedeutung zugeordnet wurde. Männchen in Ruhe erscheinen unscheinbar moosgrün gefärbt, mit bläulichen Stachelschuppen. Bei Aufregung hingegen werden sie am ganzen Körper leuchtend rot oder orange. Der Lateralstreifen ist weiß bis bläulich gefärbt. Die Lippenschilder sind weiß. Die Kopfleisten und der Rückenkamm sind gräulichweiß bzw. fast weißbläulich gezeichnet. Vereinzelt zeigen die Tiere auch ein Kaleidoskop von Farben auf der Kopfoberseite (oberhalb des Fettspeichers). Tiere aus Tamatave gehören zusammen mit jenen aus Nosy Bé zu der am häufigsten gehaltenen Form, und sind nach wie vor bei Terrarianern beliebt.

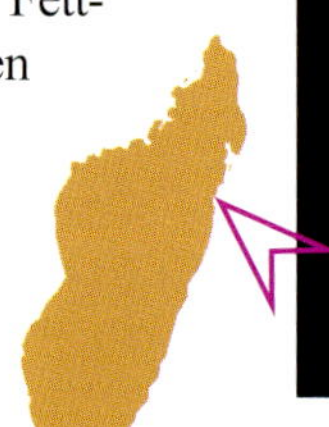

Männchen (oben), Weibchen (unten) der Tamatave-Form

Terrarienhaltung

Entsprechend der Größe von *Furcifer pardalis,* sollte das Terrarium nicht zu klein bemessen sein. Die Angabe von Nečas (2004) mit 60 x 60 x 80 cm beschreibt einen zu kleinen Behälter. Schmidt (1987) gibt mit 70 x 70 x 150 cm eine vertretbare Größe an. Wie beide Autoren angeben, ist ein Terrarium zu wählen, das höher als lang ist, um den Kletterbedürfnissen zu genügen.

Das Terrarium wird möglichst strukturreich mit Kletterästen und Pflanzen eingerichtet.

Als Bodengrund eignet sich ein Sand-Torf-Gemisch, das immer leicht feucht gehalten werden sollte. Während bei den Männchen die Schichtdicke nicht von großer Bedeutung ist, muss diese bei den Weibchen 20 cm übersteigen, um das Anlegen eines Eiablageganges zu ermöglichen.

Als Beleuchtung eignen sich Tageslichtröhren sowie Halogen-Metalldampflampen (HQL, HQI). Diese sollten außerhalb der Reichweite der Tiere angebracht werden, beispielsweise durch ein Gitter getrennt, außen am Terrarium. Zusätzlich kann durch einen kleinen Strahler (Spotlampe), der während einiger Stunden am Tag eingeschaltet wird, lokal ein wärmerer Sonnenplatz geschaffen werden.

Der Temperaturbereich sollte so gewählt werden, dass tagsüber eine Temperatur von knapp 30 °C erreicht wird und nachts eine Abkühlung um 10 °C stattfindet. Am Sonnenplatz dürfen höhere Temperaturen herrschen, jedoch sollten sich diese auf diesen Bereich beschränken. Um dem hohen UV-Bedarf entgegenzukommen, ist es empfehlenswert, den Chamäleons den direkten Aufenthalt am Sonnenlicht zu ermöglichen. Realisiert werden kann dies durch die zeitweilige Unterbringung in einer Gittervoliere auf einer Terrasse oder am offenen Fenster. Dabei muss aber immer eine Rückzugsmöglichkeit für das Tier bestehen, um einer Überhitzung vorzubeugen. Wenn keine Möglichkeit zum Sonnen für die Tiere besteht, sollte 1–2-mal pro Woche eine Bestrahlung der Tiere mit einer UV Lampe vorgenommen werden (Osram Ultra-Vitalux®, 300 Watt, aus 1,5 m Entfernung).

Mindestens einmal pro Tag muss gesprüht werden, um dem Chamäleon die Wasseraufnahme zu ermöglichen. Bewährt hat sich das direkte Tränken der Tiere, da dabei gezielt und kontrollierbar, Vitamine und Mineralstoffe verabreicht werden können. Dazu eignen sich Kunststoffpipetten bestens, da sie keine scharfen Spitzen oder Bruchkanten aufweisen, wie Injektionsnadeln oder Glaspipetten.

Wenn mehrere Terrarien, die Chamäleons beherbergen im selben Raum stehen, so ist darauf zu achten, dass die Tiere nicht ständigem Sichtkontakt

Furcifer pardalis benötigt einen ausreichend großen Behälter

Im Sommer sollte den Tieren ein Aufenthalt ...

zu achten, dadurch entsteht für die Tiere eine Territoriumsgrenze. Bei Anzeichen von gegenseitigem Stress, wie dunkler Verfärbung oder ständigem Drohen muss die Distanz vergrößert oder der Blickkontakt mit einer Zwischenwand oder dem Umstellen der Terrarien verhindert werden.

Einfluss der Jahreszeiten auf die Haltung

Bei einer freien Haltung im Blumenfenster ist es sinnvoll, die kürzeren Tage von Herbst bis Frühling mit einer künstlichen Beleuchtung so zu verlängern, dass die Tageslänge für die Tiere mindestens zehn Stunden beträgt. Während des Sommers sollte, wenn immer möglich, eine Unterbringung im Freien angestrebt werden.

ausgesetzt sind. Dies kann durch entsprechende Bepflanzung des Behälters oder durch Anbringen undurchsichtiger Seitenwände erreicht werden. Bei sich gegenüberstehenden Terrarien ist auf eine Distanz von mehr als einem Meter

... im Freiland angeboten werden. Dies kommt ihrer Lebensqualität zugute

Eine Einzelhaltung ist sowohl für männliche ...

Haltungsformen

Einzelhaltung

Im Terrarium ist von einer permanenten Gruppenhaltung adulter Pantherchamäleons abzusehen. Die Tiere stressen sich gegenseitig und oft führt dies zu Futterverweigerung und Tod. Pärchen sollten nur für die Paarung, während maximal ein bis zwei Tagen zusammengesetzt und bei Aggressionen sofort getrennt werden.

Wenn Pantherchamäleons frei im Wohnraum gehalten werden, so kann unter Umständen an verschiedenen Fenstern jeweils ein Tier gehalten werden. Die Chamäleons orientieren sich nach der Helligkeit und verbleiben in der Regel am Fenster. Bietet ein anderes Fenster im Raum jedoch mehr Helligkeit, so wird dieses aufgesucht. Wenn sich nun hier schon ein Tier aufhält, führt das Zusammentreffen der beiden Tiere zu Aggressionen. Daher ist es empfehlenswert, nur ein Chamäleon pro Raum zu halten.

... als auch für weibliche Pantherchamäleons absolut notwendig

Alternative Haltungsformen

Furcifer pardalis eignet sich aufgrund seines ruhigen Charakters und seiner Neugier sehr gut zur freien Haltung im Wohnraum. Zur freien Haltung im Wohnzimmer ist ein gut besonntes Fenster, mit reichlicher Bepflanzung ideal. Dabei sollte aber beachtet werden, dass sich das Tier in einen abgeschatteten Bereich unter oder neben dem Fenster zurückziehen kann. Einige zusätzliche Strukturen, wie Lianen aus Waldrebe und stabile Kletteräste vervollständigen die Einrichtung.

Die Tiere lernen problemlos einen Behälter mit angebotenem Futter oder Wasser zu akzeptieren, was auch die Versorgung über eine kürzere Abwesenheit ermöglicht.

Vergesellschaftung

Bei der empfohlenen Einzelhaltung von *F. pardalis* im Terrarium kommt gerne der Wunsch auf, noch weitere Bewohner mit dem Chamäleon zu vergesellschaften. Generell ist es zwar denkbar weitere Vertreter der madagassischen Fauna ins Terrarium zu setzen. Dabei ist aber zu bedenken, dass dies zu Stress und Hygieneproblemen führen kann. Vor allem legebereite Weibchen können sehr empfindlich auf Störungen reagieren. Dies kann zu Problemen wie Legenot führen. Kleinere bis mittelgroße Echsen können zudem von adulten Pantherchamäleons durchaus als Beute betrachtet werden. Aus diesen Gründen sollte auf eine Vergesellschaftung möglichst verzichtet werden, oder aber nur in sehr geräumigen Terrarien unter sorgfältiger Beobachtung versucht werden.

Fütterung

Jungtiere werden in den ersten Tagen mit größeren Arten von Fruchtfliegen, z. B. *Drosophila hydei*, gefüttert. Schon nach einer knappen Woche können dann Stubenfliegen, halbwüchsige Raupen von Wachsmotten oder Wiesenplankton entsprechender Größe gereicht werden. Die Futtertiere sollten immer vor dem Verfüttern mit einem Kalk/Multivitaminpräparat eingestäubt werden. Entsprechend dem Wachstum der Tiere sollte auch das Futter in der Größe angepasst werden. Dabei ist aber zu beachten, dass obwohl erstaunlich große Futtertiere bewältigt werden, sich Jungtiere bei der Größe der Futtertiere verschätzen und an zu großem Futter ersticken können.

Das Angebot sollte möglichst vielseitig sein. Einerseits um

F. pardalis darf nur zu Paarungszeit zusammengesetzt werden

Furcifer pardalis ist meist ein gieriger Fresser, der nur ...

... wenig Scheu vor dem Pfleger zeigt

den, später viel neugieriger und problemloser ans Futter. Insbesondere grüne Futterinsekten werden sehr gut akzeptiert und können dabei helfen einen Futterstreik abzubrechen. Obwohl die Tiere Interesse an Bienen und Wespen zeigten, wurden diese nicht aktiv angeboten, bei der Sommerhaltung in einer großen Voliere konnte jedoch

einseitiger Ernährung vorzubeugen, andererseits aber auch, um die Tiere an möglichst variables Futter zu gewöhnen. Es lohnt sich auch, auf den ersten Blick ungeeignete Arten als Futtertiere anzubieten. Nach eigenen Erfahrungen gehen Pantherchamäleons, die als Jungtiere sehr vielseitig gefüttert wur-

des Öfteren beobachtet werden, dass Bienen die Blüten besuchten, geschossen und gefressen wurden, ohne dass Probleme mit Stichen auftraten.

Ein hervorragendes Futter stellt Wiesenplankton dar. Damit wird eine große Auswahl an verschiedenen Insekten angeboten und es finden sich auch alle Größen von Futtertieren. Zudem sind diese Insekten gut genährt und bringen so den Chamäleons weitere wertvolle Futterinhalte.

Zucht

Erkennung der Geschlechter

Bei *Furcifer pardalis* besteht sowohl farblich als auch in der Größe ein deutlicher Ge-

schlechts-Dimorphismus, der die Unterscheidung von adulten Männchen und Weibchen einfach macht. Angaben dazu finden sich bei der Beschreibung der Farbformen.
Schwieriger gestaltet sich die Unterscheidung der Geschlechter bei Jungtieren. Hier lassen sich erst mit dem Eintreten der Adultfärbung, im Alter von sechs bis neun Monaten, die Jungtiere entsprechend ihrer Färbung einem Geschlecht zuteilen.

Junges Pantherchamäleon

Geschlechtsreife

Die Geschlechtsreife wird im Terrarium im Alter von etwa neun Monaten erreicht. Da aber der Aufbau der Eier sehr an den Reserven der Weibchen zehrt, sollte eine Verpaarung erst im Alter von 12 Monaten und nach einer eventuellen Winterpause mit etwas kühleren Temperaturen erfolgen. Damit ist eine gute Kondition der Tiere gewährleistet.

Balz und Paarung

Die Paarung bei *Furcifer pardalis* geht recht ungestüm vor sich. Dabei zeigen die Männchen beim Anblick eines Weibchens leuchtende Farben und kontrastreiche Zeichnungselemente. Es können durchaus auch Muster und Farben auftreten, die sonst nicht gezeigt werden. Die Männchen gehen mit Kopfnicken und Schaukelschritt direkt auf die Weibchen zu und versuchen diese zu packen, akzeptieren aber das Signal der intensiven Rot-Schwarz-Färbung der nicht paarungswilligen Weibchen, die sich auch durch Fauchen und Bisse zur Wehr setzen. Paarungswillige Weibchen zeigen beim Anblick eines Männchens eine fast uniforme rosa Farbe ohne deutliche Zeichnung.
Bei der Paarung wird das Weibchen vom Männchen am Körper festgehalten und die Schwanzwurzel angehoben. Daraufhin schiebt

Kämpfende Männchen

Vor der Paarung verfolgt das Männchen das Weibchen über einen längeren Zeitraum

das Männchen seine Kloake an diejenige des Weibchens und führt seinen Hemipenis ein. Nach der, einige Minuten dauernden, Paarung kümmert sich das Männchen nicht mehr weiter um das Weibchen, das nun sein Verhalten ändert und bei erneuter Annäherung aggressiv reagiert. Im Weiteren zeigen nun die Weibchen durch eine erhöhte Futtergier, dass sie in den Aufbau der Eier investieren.

Das Männchen steigt auf das Weibchen und führt ...

Eine eigentliche Paarungszeit kann im Terrarium nicht beobachtet werden, insbesondere die Männchen scheinen über die meiste Zeit des Jahres paarungsaktiv zu sein (Schmidt 1987, Nečas 2004). Für die Insel La Réunion findet sich bei Grimm & Ruckstuhl (1999) die Angabe einer Paarungszeit für Ende Dezember. Dieser Zeitraum macht auch in Bezug auf den Temperaturverlauf Sinn, da ab Januar die Temperaturen steigen, was der Entwicklung der Eier

... einen Hemipenis in die Kloake des Weibchens ein

Entsprechend dem oben beschriebenen Vorgehen der Weibchen, sollte im Terrarium oder im Pflanzenfenster ein geeigneter Eiablageplatz angeboten werden. Im Pflanzenfenster wird sich das Weibchen mittels mehrerer Probegrabungen selbst einen geeigneten Platz suchen. Ideal ist ein größeres Gefäß mit einer Mischung aus Kakteenerde, die zusätzlich zu etwa einem Drittel mit Blumenerde angereichert wurde. Dieses Gemisch erlaubt dem Tier seine Höhle zu graben, ohne dass die Seiten einstürzen und weist zudem ein

zugute kommt. Mit Beginn der etwas kühleren Monate ab August ist die Eizeitigung dann abgeschlossen.

Trächtigkeit und Eiablage

Etwa 30–35 Tage nach der Paarung legt das Weibchen die Eier in eine selbst gegrabene Höhle ab. Dabei wird die Erde mit den Vorderfüßen nach hinten gescharrt. Größere Steine oder Wurzelstücke werden mit dem Kopf zur Seite geschoben. Das kann bei älteren Weibchen zu einer starken Abwetzung der Kopfseitenleisten im vorderen Bereich führen. Für die Anlage der 10–15 cm tiefen Höhlung werden zwei bis drei Stunden benötigt.

Wenn der Gang fertig gegraben ist, wendet sich das Weibchen um und beginnt mit der Eiablage, die nach etwa einer halben Stunde abgeschlossen ist. Bei einem erwachsenen Tier umfasst das Gelege zwischen 25 und 35 Eier.

Anschließend wird die Höhle wieder aufgefüllt und die Oberfläche sorgfältig geglättet. Im Weiteren kümmern sich die Weibchen nicht mehr um den Ablageplatz. Erfolgt die Eiablage gegen Abend, so dass die Ablagehöhle nicht mehr bei Tageslicht aufgefüllt werden kann, übernachtet das Weibchen in der Nähe und füllt die Hohle am folgenden Morgen auf.

gutes Verhalten bei der Regulierung des Feuchtehaushalts und der Belüftung auf. Das Gefäß kann durchaus bepflanzt sein. Die Weibchen nehmen die Pflanzen gerne als Ansatzpunkt

Trächtiges Weibchen

zum Graben und als Hilfe zum Hinaufklettern an den Sonnenplatz. Dementsprechend kann im Terrarium auch ein einzeln stehendes Gefäß, das eine geeignete Höhe und Füllung aufweist, angeboten werden.

Die Weibchen legen nach einer Paarung mehrere Gelege in Folge ab. Dabei sind erste Folgegelege durchaus noch befruchtet (Vorratsbe-

Weibchen beim Graben der ...

... Ablagehöhle in einem Pflanzenkübel

Freigelegte Eier im Wurzelwerk

fruchtung, Amphigonia retardata), die Befruchtungsrate nimmt aber mit jedem weiteren Gelege ab. Beim Autor (A. O.) legte ein Weibchen im Zeitraum von 13 Monaten 191 Eier in sechs Gelegen ab, dabei waren die ersten drei Gelege ganz oder teilweise befruchtet und die weiteren vollständig unbefruchtet.

Junge Weibchen können auch ohne Paarung spontan Eier ablegen (Ochsenbein & Zaugg 1992). Dies zeigt, dass bei guten Außenbedingungen die Eireifung in Gang gesetzt wird und so in Verbindung mit der Spermienspeicherung und mehreren Folgegelegen ein Fortpflanzungserfolg für eine erfolgte Paarung garantiert ist.

Inkubation und Schlupf

Gelege sollten innerhalb von ein bis zwei Tagen nach der Ablage in den Brutkasten überführt werden, sofern nicht wie nachfolgend beschrieben die Entwicklung am Ablageort erfolgen soll. Befruchtete Eier lassen sich an einer „Sternchenzeichnung" auf der Schalenoberfläche leicht von unbefruchteten Eiern, die feine Längskratzer aufweisen, unterscheiden. Frisch abgelegt wiegen die Eier etwa 0,6 g und messen ca. 4 x 12 mm.
Als Zeitigungssubstrat hat sich Perlite® bewährt. Es wird fünf Minuten in reichlich Wasser abgekocht, anschließend in einem Sieb abgetropft und ausgekühlt. Ebenso kann Vermiculite verwendet werden (Nečas 2004).
In eine Plastikdose wird eine erste Schicht des verwendeten Substrates 1–2 cm stark eingebracht. Darauf wird die erste Lage der Eier gelegt. Dabei muss beachtet werden, dass die Eier während der Entwicklung an Größe zunehmen und auf 10 x 20 mm anwachsen. Dieses, durch Flüssigkeitszunahme bedingte Wachstum, schlägt sich auch im Gewicht nieder – schlupfreife Eier wiegen 1,8–2,0 g. Es sollte daher genügend Zwischenraum gelassen werden, damit sich die Eier nicht berühren. Die erste Lage der

Weibchen nach dem Ablegen der Eier

Eier wird nun 2 cm hoch mit Substrat zugedeckt und eine weitere Lage von Eiern eingebracht. So wird weiter verfahren, bis das Gelege untergebracht ist. Auch die letzte Lage wird zugedeckt, die Dose aber nicht verschlossen. Nun kann der Behälter mit den Eiern in den Brutkasten, der einen Temperaturbereich zwischen 26–29 °C aufweisen sollte, verbracht werden.
Solange die Innenseite des Eibehälters leicht beschlagen ist, muss dem Substrat kein Wasser zugegeben werden. Eine eventuelle Wasserzugabe sollte möglichst vorsichtig, einer Seitenwand entlang erfolgen. Das direkte Übergießen der Gelege ist zu vermeiden, da es zum Absterben der Eier führen kann. Bei diesem Temperaturbereich ist mit dem Schlupf der Jungtiere nach 200–220 Tagen zu rechnen. Die oben beschriebene Methode wurde mit Erfolg verwendet, es

Frisch abgesetztes Gelege

Ei (links) und Eihülle (rechts)

Als Brutsubstrat kann sowohl Perlite® ...

... als auch Vermiculite verwendet werden

sind aber auch andere Vorgehensweisen möglich und in der Literatur aufgeführt (MÜLLER et al. 2004; NEČAS 2004).

Das Gewicht der frischgeschlüpften Jungtiere betrug im Durchschnitt 0,6 g, was dem Gewicht der frisch abgelegten Eier entspricht.

Wie schon angedeutet, ist auch eine Entwicklung der Gelege am Ablageort möglich (OCHSENBEIN & ZAUGG 1992). Drei Eier eines Geleges wurden in einem mit Euphorbien bepflanzten Trog am Fenster belassen. Die Eier wurden in der Ablagehöhle 2 cm hoch mit der vorhandenen Kakteenerde des Troges zugedeckt. Darauf wurde wenig Perlite® gestreut, um bei einer späteren Kontrolle eine Orientierung zu haben. Die verbliebene Höhle wurde ebenfalls mit der Erde aufgefüllt. Gegossen wurde im Rhythmus von zwei Wochen, wobei die Stelle über den Eiern etwas mehr Wasser erhielt.

Die Temperatur im Pflanzgefäß betrug zwischen 19–21 °C, die Schwankungen des Wohnraumes wurden durch die trägere Erwärmung, respektive Abkühlung des Sand-Erde-Körpers ausgeglichen. Nach der im Brutkasten beobachteten Zeit bis zum Schlupf wurden nach 200 Tagen die Eier vorsichtig freigelegt. Alle drei Eier waren gewachsen und prall gefüllt. Die Eier wurden wieder zugedeckt und nach 290 Tagen schlüpfte das erste Jungtier, das dritte nach 302 Tagen. Die Entwicklung dauerte also etwa 90 Tage länger, verlief aber auch in diesem Temperaturbereich ohne Probleme. Erstaunlich war dabei, dass das doch recht trockene Erdegemisch zu keinen Problemen für den Feuchtehaushalt der Eier führte.

Aufzucht

Die frisch geschlüpften Jungtiere können für einige Tage in kleinen Gruppen gehalten werden. Besser ist aber die Einzelunterbringung in kleinen Aufzuchtterrarien, um Stress und dadurch bedingte Verluste zu vermeiden. Dazu eignen sich kleinere Kunststoffbecken, oder auch kleine Glasterrarien. Wichtig ist dabei aber eine gute Belüftung. Nach eigenen Erfahrungen haben sich für die erste Zeit (8–10 Wochen) selbst hergestellte Kleinterrarien gut bewährt. Dazu wurden Vier-Liter-Lebensmittelcontainer mit den Maßen von 14 x 19 x 19 cm verwendet. In den Deckel sowie in die zwei Schmalseiten wurden je eine große Öffnung geschnitten. Über die Öffnung im Deckel und einer Seite wurde ein Damenstrumpf

Frisch geschlüpftes Pantherchamäleon

Bei optimaler Inkubation weist der Schlüpfling eine Gesamtlänge von 65–70 mm auf

von ca. 15 DEN gespannt und mit Sekundenkleber am Rand verklebt. Der freibleibende Ausschnitt auf der anderen Seite wurde mit einem Stück Schaumstoff verschlossen. Dazu wurde aus einer etwa 2 cm starken Schaumstoffplatte ein Stück zugeschnitten, das auf jeder Seite ein Zentimeter breiter war als die Öffnung. Dieses ließ sich dann als Verschluss in den Ausschnitt klemmen. Nun wurde auf der Frontseite des Containers ein Ausschnitt gemacht und dieser mit einer passenden Folie (Fotokopiererfolie) als Fenster verschlossen. Ein Haushaltspapier als Bodengrund, einige Kletterästchen und belaubte Pflanzenzweige vervollständigten das

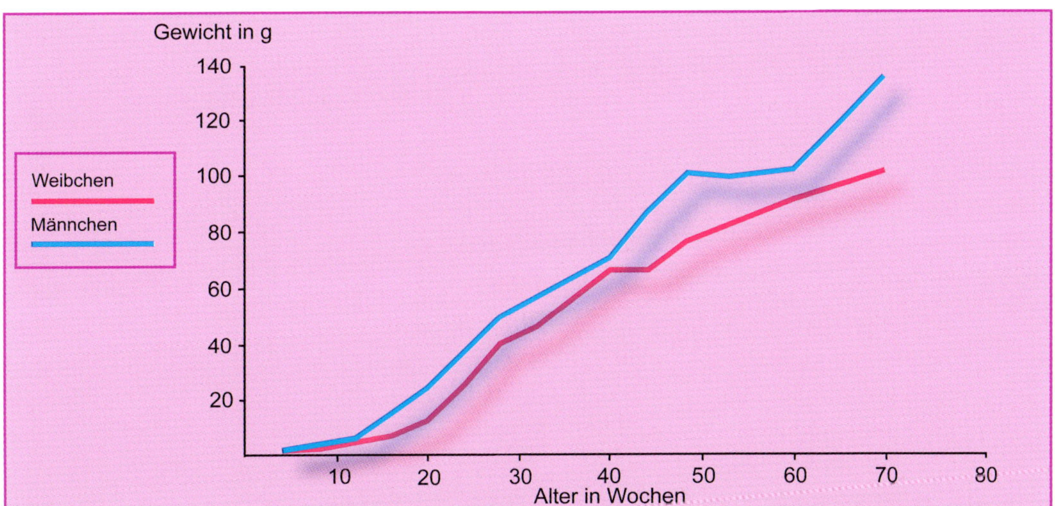

Wachstum im Vergleich von männlichen und weiblichen jungen Pantherchamäleons

Bei guter Pflege kann dieses Jungtier über acht Jahre alt werden

Aufzuchtterrarium. Die Verwendung von belaubten Zweigen statt kleiner Pflanzen hat den Vorteil, dass diese bei der Reinigung verworfen und ersetzt werden können. Junge Chamäleons haben einen hohen Stoffumsatz, was sich auch in entsprechender Kotabgabe äußert. Kleine Pflanzen sind schwierig von anhaftendem Kot zu reinigen.

Entsprechend dem recht schnellen Wachstum der Jungtiere, sind diese in größere Terrarien zu überführen oder können im Alter von 20–25 Wochen frei gehalten werden, dazu ist aber das Trainieren der Futterabgabe und des Tränkens ab Pipette notwendig. Dank ihres neugierigen Verhaltens stellt dies aber kein Problem dar.

Die Jungtiere erreichen mit etwa neun Monaten die Geschlechtsreife.

Lebenserwartung

In seiner Arbeit gibt Schmidt (1998) für das Pantherchamäleon eine durchschnittliche Lebenserwartung von vier Jahren an. Nach eigenen Erfahrungen können aber zumindest die Männchen ein deutlich höheres Alter erreichen: Ein vom Schlupf her aufgezogenes Tier erreichte bei freier Haltung im Wohnzimmer und Unterbringung in einer Voliere im Sommer bei uns ein Alter von über acht Jahren. Dieser Wert deckt sich auch mit den Angaben von Nečas (2004). Dabei war ab dem sechsten Jahr eine zunehmende Vergreisung festzustellen. So wurden angebotene Futtertiere nur noch aus sehr kurzer Distanz geschossen und später direkt mit Zuschnappen erbeutet. Im Weiteren war der Aufenthalt oder die Fortbewegung auf dünnen Ästen zunehmend eingeschränkt und zur Hilfe mussten parallele Strukturen angeboten werden. Die Grundfarbe wechselte mehr und mehr zu einem dunklen Grün-Grau und die Farbwechsel zeigten nicht mehr so starke Kontraste.

Im natürlichen Lebensraum dürfte ein so hohes Alter kaum erreicht werden, da ein vergreisendes Chamäleon schnell zur Beute seiner Feinde wird und auch mit der Futterbeschaffung Mühe haben dürfte.

Danksagung

Viele Personen, die meisten von ihnen selbst Chamäleonhalter, haben durch anregende Diskussionen und Erfahrungsaustausch zu diesem Buch beigetragen Danken möchten wir Herrn Andreas Kirschner für die Anregung zu diesem Buch und die kritische Durchsicht des Manuskriptes, Herrn Jürgen Seybold für die Durchsicht und Bearbeitung der veterinärmedizinischen Aspekte sowie Ivan Alfonso für seine Beiträge zu den Farbformen von *Furcifer pardalias*.

Ganz herzlich bedanken möchten wir uns auch – in alphabetischer Reihenfolge – bei folgenden Personen: Peter Buchert, Euan Edwards, Reinhard Ehrmann, Jutta und Robert Elbert, Oliver Endriß, Christine Gielisch, Markus Grimm, Moritz Grubenmann, Cathérine Hillger, Peter und Jürgen Hoch, Hannes Kichhauser, Ozan Kirilmaz, Bill Love, Michel Luquet, Jessie Maisano (DigiMorph), Dirk Marterer, Walter Matzanke, Claire Metz, Frank Nagel, Jim Nozaki (Amazing Blue Reptiles), David Parks, Niels Pedersen, Mathias Rath, Heike Schneider, Andreas Schneller, Hermann Seufer, Michael Schwarz, Peter Uetz, Claus Wurst, Klaus Zeddel.

Zuletzt und ganz besonders möchte sich Ingo Kober bei seiner Frau Birgit für ihr Verständnis und für das geduldige Hinnehmen der Unannehmlichkeiten bedanken, die eine umfangreichere häusliche Reptilienhaltung nun einmal bedingt.

Namentlich möchte sich Andreas Ochsenbein bei Marianne Zaugg bedanken, ohne ihre unermüdliche Mithilfe wäre die freie Haltung von Chamäleons im Wohnraum und insbesondere die Einzelaufzucht der Jungtiere nicht möglich gewesen. Im Weiteren bei Ruedi Abbühl, Markus Güdel und Hansjörg Rudin für ihre zuverlässige Hilfe und Betreuung während der Ferienabwesenheiten.

Literatur

Die zitierte Literatur wurde nachstehend **fett** gekennzeichnet.

Andreone, F., Glaw, F., Nussbaum, R. A., Raxworthy, C. J., Vences, M. & J. E. Randrianirina (2003): The amphibians and reptiles of Nosy Be (NW Madagascar) and nearby islands: a case study of diversity and conservation of an insular fauna. – J. Nat. Hist., 37 (17): 2119–2149.

Andreone, F., Randrianirina, J., Jenkins, P. D. & G. Aprea (2000): Species diversity of Amphibia, Reptilia and Lipotyphla (Mammalia) at Ambolokopatrika, a rainforest between the Anjanaharibe-Sud and Marojejy massifs, NE Madagascar. – Biodiversity and Conservation, 9: 1587–1622.

Andrews, R. M. (2005): Incubation Temperature and Sex Ratio of the Veiled Chameleon (*Chamaeleo calyptratus*). – J. Herpet., 39 (3): 515–518.

Andrews, R. M. & S. Donoghue (2004): Effects of temperature and moisture on embryonic diapause of the veiled chameleon (*Chamaeleo calyptratus*). – Journal of Experimental Zoology Part A: Comparative Experimental Biology, 301 A, (8): 629–635.

Angel, F. (1942): Les Lézards de Madagaskar. – Mémoires de L'Académie Malgache, Fascicule XXXVI, Pitot de la Beaujardière Tananarive.

Arestè, M. (2001): *Chamaeleo chamaeleon*. – Reptilia, Münster, 6 (28): 51–54.

Bartlett, R. D. & P. P. Bartlett (1995): Chameleons. – Barrons Educational Series, Inc. New York, 103 S.

Baumer, M. (1999): *Chamaeleo montium*: Probleme und Erfolge bei der Haltung einer Zuchtgruppe des Bergchamäleons. – elaphe, Rheinbach, 5 (2): 2–10.

Bertoni, R. M. (1996): The panther chameleon. – Reptile & Amphibians Magazine 1996 (Mar./Apr.): 12–21.

Boulenger, G. A. (1888): Descriptions of two new Chamaeleons from Nossi-Bé, Madagascar. – Ann. Mag. nat. Hist. (6) 1: 22–23.

Bourgat, R. M. (1969): Recherches ecologiques et biologiques sur le *Chamaeleo pardalis* Cuvier, 1829 de l'Ile de la Reunion et de Madagaskar. – Dissertation, Universität Montpellier (F),

Bowmaker, J. K., Loew, E. R. & M. Ott (2005): The cone photoreceptors and visual pigments of chameleons. – J. Comp. Physiol. A; 191: 925–932.

Brygoo, E. R. (1971): Faune de Madagaskar, Band 33, Reptiles Sauriens Chamaeleonidae, Genre Chamaeleo. – ORSTOM et CNRS, Paris.

Brygoo, E. R. (1978): Faune de Madagaskar, Band 47, Reptiles Genre Brookesia et complément pour le genre Chamaeleo. – ORSTOM, Paris.

Brygoo,E. R. (1983) Les types de Caméléonidés (Reptiles, Sauriens) du Muséum national d'Histoire naturelle. Catalogue critique. – Bull. Mus. Hist. nat., Paris, 5: 1–26.

Böhme, W. (1994): Amphibien und Reptilien aus dem tropischen Afrika. – DATZ, Stuttgart, 4/1994: 240.

Breuer, A. & W. Schmidt (1995): Zwerge aus Südafrika - die Gattung *Bradypodion*. – DATZ, Stuttgart, 7/1995: 436.

Breustedt, A. (1989): Erfahrungen bei der Haltung von Chamäleons. – elaphe, Rheinbach, 2: 20–22.

Budzinski, R. M. (1999): Induktion des männlichen Geschlechts bei Geckos der Gattung *Phelsuma* durch tägliche kurzzeitige Inkubation bei hoher Temperatur. – Sauria, Berlin, 21 (3): 43–46.

Chabanaud, P. (1923): Description d'un Chamaeleon nouveau d'Indochine et d'un exemplaire monstrueux d' *Enhydris hardwicki* Gray. – Bull. Mus. nat. Hist. nat., Paris, 29: 209–210.

Cuvier, G. J. L. N. F. D. (1829): Le Regne Animal Distribué, d'apres son Organisation, pur servir de base à l'Histoire naturelle des Animaux et d'introduction à l'Anatomie Comparé. Nouvelle Edition [second edition]. Vol. 2. Les Reptiles. – Déterville, Paris:, 1–406 + i-xvi.

Dost, U. & K. Dost (2001): Erfahrungen bei der Pflege und Nachzucht des Teppichchamäleons *Furcifer lateralis*. – Reptilia, Münster, 6 (30): 55–60.

Duméril, A. M. C. & G. Bibron (1836): Erpetologie Générale ou Histoire Naturelle Complete des Reptiles. – Libr. Encyclopédique Roret, Paris, Vol. 3: 528 S.

Durrer, H. (1965): Bau und Bildung der Augfeder des Pfaus (*Pavo cristatus*). - Diss., Uni Basel. – Revue Swiss de Zoologie, Tome 72, no 14, Mai 1965, 411 S.

Eggers, I (1963): *Chamaeleo basiliscus*: Terrarienaufzucht in zweiter Generation. – DATZ, Stuttgart, 8/1963: 242.

Eisenberg, T. (2000/2001) Futtertierzucht: Die Ägyptische Wanderheuschrecke (*Locusta migratoria*). – Reptilia, Münster, 5 (26): 42–46.

Feistenberger, S. (2000): Aspekte beim Erwerb von Reptilien. – Reptilia, Münster, 5 (26): 42–46.

Ferguson, G. W., Murphy, J. B., Raselemananana, A. & J. B. Ramananmanjato (1995): Panther Chameleons (*Chamaeleo pardalis*). In: Vosjoli. P. de & G. W. Ferguson (Edit.): Care and breeding of Panther, Jackson´s, Veiled and Parson´s Chameleons. – The Chameleon Keeper´s References Series 1: Advanced Vivarium Systems, Inc., Santee, California: 5–12.

Ferguson, G. W., Murphy, J. B., Ramananmanjato, J. B. & A. P. Raselemananana (2004): The Panther Chameleon. – Krieger Publishing Company, Malabar, Florida, 118 S.

Finke, M. D., Dunham, S. U. & C. A. Kwabi (2005): Evaluation of four dry commercial gut loading products for improving the calcium content of crickets, *Acheta domesticus*. – *Journal of Herpetological Medicine and Surgery*, 15 (1): 7–12.

Flaherty, J. & B. Love (2005): Reptilian Mood Rings: Panther Chameleons. – Reptiles, Mission Viejo, 13 (12): 40–51.

Fowler, W. (1980): Comparison of respiratory infection and Hypovitaminosis A in Desert Tortoises. – In: R. J. Montali & G. Migaki (Hrsg.): The comparative pathology of Zoo animals; Smithsonian Institution press, Washington; D.C.: 93–97.

Friederich, U. & W. Volland (2005): Futtertierzucht. – Eugen Ulmer Verlag, Stuttgart, 192 S.

Fritz, F.& J. P. Schütte (1987): Zur Biologie jemenitischer *Chamaeleo calyptratus* Duméril & Duméril, 1851 mit einigen Anmerkungen zum systematischen Status. – Salamandra, Bonn, 23 (1): 17–25.

Gehring, O. & M. O. Rödel (1990): Amphibien und Reptilien in kenianischen Nationalparks. – DATZ, Stuttgart, 9/1990: 555.

Glaw, F. & M. Vences (2001): Zwerge mit langen Nasen *Calumma gallus* & Co. – DATZ, Stuttgart, 10/2001: 24.

Glaw, F. & M. Vences (2001): Ein seltenes Chamäleon aus Madagaskar. – DATZ, Stuttgart, 54 (7): 16–19.

Glaw, F. & M. Vences (2007): A Fieldguide to the Amphibians and Reptiles of Madagascar, Third Edition. – Vences & Glaw Verlag, Köln, 495 S.

Glaw, F. (1996): Die Chamäleons der *Calumma-brevicornis*-Gruppe. – DATZ, Stuttgart, 4/:1996: 240.

Gockel, M., Hufer, H. & S. Kallas (2001): Biotopbeobachtung, Haltung und Vermehrung von *Bradypodion tenue* (Matschie, 1892). – elaphe, Rheinbach, 9 (2): 11–17.

Gray, J. E. (1865): Revision of the genera and species of Chamaeleonidae, with the description of some new species. – Ann. Mag. Nat. Hist., (3) 15: 340–354

Grimm, A. & M. Grimm (1999): Das Tigerchamäleon (*Calumma tigris*). – elaphe, Rheinbach, 7 (3): 11–15.

Grimm, M. & A. Ruckstuhl (1999): Das Pantherchamäleon (*Furcifer pardalis*) auf La Réunion. – elaphe, Rheinbach, 7 (1): 101–105.

Hadithi, M. & A. Kennaway (1987): Crafty Chamäleon. – Hodder, London.

Hasselberg, D. (1999): Terrarien aus Styropor. – Reptilia, Münster, 4 (18): 64–68.

Hauschild, A., Kubke, D. & E. Wallikewitz. (1993): Faszinierende Pantherchamäleons. – DATZ, Stuttgart, 11/1993: 704.

Hauschild, B. (1999): Die Zucht der Argentinischen Schabe (*Blaptica dubia*). – Reptilia, Münster, 4 (16): 56–61.

Henkel, F. W. & W. Schmidt. (Hrsg.) (1995): Die Amphibien und Reptilien Madagaskars, der Maskarenen, Seychellen. – Eugen Ulmer Verlag, Stuttgart, 311 S.

Hildenhagen, T. (2001): Haltung und Nachzucht des Kammchamäleons *Chamaeleo* (*Trioceros*) *cristatus* (Stutchbury, 1837). – elaphe, Rheinbach, 9 (1): 2–9.

Horn, H. G. & A. van den Nieuwenhuizen (1988): Versuch einer Problemdarstellung bei der Langzeitzucht von Vögeln, Reptilien, Amphibien und Fischen. – DATZ, Stuttgart, 1/1988: 24.

Höveler, G. (1999): Haltung und Nachzucht von *Chamaeleo wiedersheimi perreti*. – elaphe, Rheinbach, 7 (1): 2–8.

Kardong, K. (1998): "Vertebrates. Comperatives Anatomy, Function, Evolution. Second Edition". – McGraw-Hill, New York.

Keller, O. (1913): Die Antike Tierwelt – Zweiter Band: Vögel, Reptilien, Fische, Insekten, Spinnentiere, Tausendfüssler, Krebstiere, Würmer, Weichtiere, Stachelhäuter, Schlauchtiere. – Leipzig, 1913; Nachdruck: Hildesheim 1980. Georg Olms Verlag ISBN: 978-3-487-00557-7

Kelso, E. C. & P. A. Verrell (2002): Do Male Veiled Chameleons, *Chamaeleo calyptratus*, Adjust their Courtship Displays in Response to female Reproductive Status? – Ethology, 108: 495–512.

Kieselbach, D., Müller, R. & U. Walbröl (2001): Chamäleons; Bede Verlag, 96 S.

Klaver, C. & W. Böhme (1986): Phylogeny and classification of *Chamaeleonidae* (Sauria) with special reference to hemipenis morphology. – Bonn. zool. Monogr., 22: 5–60.

Kober, I. (2001): Haltung und Vermehrung des Jemenchamäleons *Chamaeleo calyptratus*. – DATZ, Stuttgart, 12/2001: 14–17.

Kober, I. (2000): Ein Chamäleon mit sechs Zehen. – DATZ, Stuttgart, 10/2000: 47.

Köhler, G. (1998): Der Grüne Leguan. – Herpeton Verlag, Offenbach, 158 S.

Krysko, K. L., Enge, K. M. & F. W. King (2004): The Veiled Chameleon, *Chamaeleo calyptratus*: a new exotic lizard species in Florida. – Florida Scientist, 67 (4): 249–253.

Kwet, A. (2001): Chamäleons in Spanien *Chamaeleo chamaeleon*. – DATZ, Stuttgart, 7/2001: 6.

Lantermann, W. (2000): Begegnungen mit Chamäelons in Ostafrika. – elaphe, Rheinbach, 8 (1): 67–72.

Lee, M. S. Y. (1998): Convergent evolution and character correlation in burrowing reptiles: Towards a resolution of squamate relationships. – Biol. J. Linn. Soc., 65: 369–453.

Leptien, R. (1989): Erläuterungen zu einigen Grundsatzfragen in der Chamäleonhaltung. – Sauria, Berlin, 11 (4): 3–9.

Leptien, R. (1999): Einstieg in die Chamäleonhaltung. – Reptilia, Münster. 4 (16): 51–54.

Leptien, R.(1991): Haltung und Nachzucht von *Rampholeon kerstenii kerstenii* (Peters, 1968). – Salamandra, Bonn, 27 (1/2): 70–75.

Leptien, R. (2003): Getting started keeping chameleons. – Reptilia (GB) (26): 11–14.

Lutzmann, N. (1998): Anmerkungen zu einer Nachzuchtstatistik. – elaphe, Rheinbach, 6 (4): 76–79.

Lutzmann, N. (2002): *Chamaeleo* (*Trioceros*) *bitaeniatus* und seine Verwandten. Mit Anmerkungen zur Haltung und Vermehrung eines Vertreters der Gruppe. – Reptilia, Münster, 7 (37): 36–43.

Lutzmann, N. (2002): *Chamaeleo* (*Trioceros*) *jacksonii* und seine Unterarten. – Reptilia, Münster, 7 (37): 44–48.

Martens, H., Müller-Boge, M. & P. Boye (1997): Die geänderte Bundesartenschutzverordnung seit dem 14. Juni 1997. – DATZ, Stuttgart, 11/1997: 734.

Martin, J. & A. Wolfe (1992): Masters of Disguise - A Natural History of Chameleons. – Facts on File, New York, 176 S.

Masuoka, B. (2002): Veiled chameleons could threaten native birds. – Honolulu Advertiser, 1.04.2002

Masurat, G. (2005): Vermehrung von Chamäleons. – Herpeton, Offenbach, 142 S.

Masurat, I & G. Masurat (1996): Nachzuchtergebnisse bei *Chamaeleo jacksonii* Boulenger, 1896 (Sauria, Chamaeleonidae) über 15 Jahre. – Salamandra, 32 (1): 1–12.

Mebs, D. (1965): Beobachtungen zum Verhalten, zur Vergesellschaftung und Zucht von Chamäleons. – DATZ, Stuttgart, 2/1965: 61.

Meerman, J. & T. Boomsma (1987): Beobachtungen an *Chamaeleo calyptratus calyptratus* Duméril & Duméril, 1851 in der Arabischen Republik Jemen. – Salamandra, Bonn, 23 (1): 10–16.

Mertens, R. (1966): Liste der rezenten Amphibien und Reptilien: Chamaeleonidae. – Das Tierreich 83: 1–37.

Minch, M. (2008): Handbuch der Futterpflanzen für Schildkröten und andere Reptilien. – KUS-Verlag, Rheinstetten, 350 S.

Müller, M. (1990): Krankheiten der Chamäleons. – DATZ, Stuttgart, 1/1990: 49.

Müller, P. M. & M. Lepper (2002): Gute Zeiten Schlechte Zeiten Erfahrungen mit dem Chamäleon *Bradypodion fischeri* (Reichenow, 1895). – Reptilia, Münster, 7 (33): 39–43.

Müller, R., Lutzmann, N. & U. Walbröl (2004) *Furcifer pardalis* - Das Pantherchamäleon. NTV, Münster, 127 S.

Nečas, P. (1997): *Chamaeleo calyptratus* Duméril & Duméril. – Amph.-/Rept.-Kartei:, Beilage in Sauria, Berlin, 19 (3): 389–394.

Nečas, P. (2002): Dreihornchamäleons. – Reptilia, Münster, 7 (37): 16–33.

Nečas, P. (2004): Chamäleons - Bunte Juwelen der Natur. – Edition Chimaira, Frankfurt a.M., 382 S.

Nietzke, G. (1990): Zur Durchlässigkeit von UV-Strahlen der Reptilienhornhaut. – Salamandra, Bonn, 26 (1): 50–57.

Oberle, P. (1981): Madagaskar un sanctuaire de la nature. Kintana, 68400 Riedisheim, France

Ochsenbein A. & M. Zaugg (1992): Haltung und Aufzucht des Pantherchamäleons *Furcifer pardalis* (Cuvier, 1829). – herpetofauna, Weinstadt, 14 (79): 6–12.

Ott, M (2001) Chameleons have independent eye movements but synchronise both eyes during saccadic prey tracking. – Exp. Brain Res., (2): 173–9.

Ott, M. & F. Schaeffel (1995): A negatively powered lens in the chameleon. – Nature, 23, 373 (6516): 4–692.

Paasch, J. (1994): Vierhorn-Chamäleons (*Chamaeleo quadricornis*) erstmals nachgezüchtet. – DATZ, Stuttgart, 8/1994: 493.

Peters, W. C. H. (1870): Nachtrag: *Chamaeleo calcaratus* n.sp.. – Monatsber. Akad. Wiss. Berlin, 1869: 445–446.

Pongratz, H. (1989): Nachzucht des Pantherchamäleons. – DATZ , Stuttgart, 2/1989: 97.

Raxworthy, C. J., Martinez-Meyer, E., Horning, N., Nussbaum, R. A., Schneider, G. E., Ortega-Huerta, M. A. & A. T. Peterson (2003): Predicting distributions of known and unknown reptile species in Madagascar. – Nature, 426: 837–841.

Rimmele, A. (1999): Vorstellung der in der Zuchtgemeinschaft Chamaeleonidae gezüchteten Chamäleons. Teil VI.: Erkenntnisse aus der mehrjährigen Pflege und Zucht, sowie einige Freilandbeobachtungen am Pantherchamäleon, *Furcifer pardalis*. – Sauria, Berlin, 21 (2): 27–36.

Ruiter, M. de (1994): Welterstzucht des Chamäleons *Bradypodion thamnobates*. – DATZ, Stuttgart, 3/1994: 146.

Schifter, H. (1971): Familie Chamäleons. In: Grzimeks Tierleben VI. – DTV: 229–245.

Schleich, H. H. & W. Kästle (1979): Hautstruktur und Kletteranpassungen bei *Chamaeleo* und *Cophotis* (Reptilia: Sauria: Chamaeleonidae, Agamidae). – Salamandra, Frankfurt a. M., 15 (2): 95–100.

Schmidt, W. (1987): Bemerkungen über das Pantherchamäleon. – herpetofauna, Weinstadt 9 (47): 21–24.

Schmidt, W. (1988): Zeitigungsversuche mit Eiern des madagassischen Chamäleons *Furcifer lateralis*. – Salamandra, Bonn, 24 (2/3): 182–183.

Schmidt, W. (1990): Anmerkungen zur Pflege von Chamäleons. – DATZ, Stuttgart, 5/1990: 269.

Schmidt, W. (1993): Freiland-und Haltungsbeobachtungen an Parsons Chamäleon, *Calumna parsonii*. – Salamandra, Bonn, 28 (3/4): 195–201.

Schmidt, W. (1993): Versuche mit Umwegaufgaben beim Zwergchamäleon, *Bradypodion pumilum*. – Salamandra, Bonn, 28 (3/4): 270–274.

Schmidt, W. (1998): Anmerkungen über die Lebenswartung von Chamäleons. – Salamandra, Rheinbach, 34 (1): 75–76.

Schmidt, W. (1999): *Chamaeleo calyptratus* - Das Jemenchamäleon. – NTV, Münster, 79 S.

Schmidt, W. (2001): Bemerkungen zu den Chamäleons aus Westafrika. – DATZ, Stuttgart, 7/2001: 10.

Schmidt, W. (2002): Das Usambara-Stummelschwanzchamäleon *Rhampholeon brevicaudatus*. – DATZ, Stuttgart, 10/2002: 21.

Schmidt, W.(1987): Nachzucht vom Teppich-Chamäleon, *Chamaeleo* (*Furcifer*) *lateralis*, im Terrarium. – DATZ, Stuttgart, 12/1987: 561.

Schmidt, W.(1998): Über die Chamäleons Ostafrikas. – DATZ, Stuttgart, 1/1998: 36.

SCHMIDT, W. & K. TAMM (1988): *Furcifer pardalis*. – Amph.-/ Rept.-Kartei: Beilage in Sauria, Berlin, 10 (1): 101–104.

SCHMIDT, W. & K. TAMM (1988): Nachtrag zu Bemerkungen über das Pantherchamäleon. – herpetofauna, Weinstadt, 10 (52): 11.

SCHMIDT, W., HENKEL, F. W. & W. BÖHME (1989): Zur Haltung und Fortpflanzungsbiologie von *Brookesia stumpffi*. – Salamandra, Bonn, 25 (1): 14–20.

SCHMIDT, W., TAMM, K. & E. WALLIKEWITZ (1996): Chamäleons - Drachen unserer Zeit. –NTV, Münster, 160 S.

SCHOTT, W. (2000): Haltung und Vermehrung des Uganda-Dreihornchamäleons *Chamaeleo (Trioceros) johnstoni*. – elaphe, Rheinbach, 8 (3): 2–10.

SCHRICKER, H. (1997): Materialien zur Einrichtung von Terrarien und deren Verwendung. – elaphe, Rheinbach, 5 (4): 19–24.

SCHUSTER D. & M. SCHUSTER (2000): Das Chamäleon in der afrikanischen Mythologie. – Draco, NTV, Münster, 1 (1): 68–76.

SWITAK, K. H. (1993): Wüstenchamäleons. – DATZ, Stuttgart, 2/1993: 95.

TIEDEMANN, U. & M. TIEDEMANN (1992): *Chamaeleo calyptratus*-Jemen Chamäleon. – Mitteilungsblatt der AG Chamaeleonidae in der DGHT: 3–4.

TILBURY, C. R., TOLLEY, K. A. & W. R. BRANCH (2006): A review of the systematics of the genus *Bradypodion* (Sauria: Chamaeleonidae), with the description of two new genera. – Zootaxa, 1363: 23–38.

TRÖGER, M. (1994): Chamäleons - unhaltbar und unzüchtbar? Ergebnisdarstellung eines privaten Zuchtprojektes. – elaphe, Rheinbach, 2 (4): 14–15.

TRÖGER, M. (1996): Anmerkungen zu langjähriger Pflege, Haltung und ersten Schritten der Nachzucht von *Calumma parsonii*. – elaphe, Rheinbach, 4 (4): 2–12.

WALLIKEWITZ, E. (1992): Einige Beobachtungen zur Haltung Nachzucht und zum Verhalten von *Chamaeleo montium* BUCHHOLZ, 1874. – herpetofauna, Weinstadt, 14 (81): 6–10.

WEVER, E.G. (1968): The ear of the chameleon: *Chamaeleo senegalensis* and *Chamaeleo quilensis*. – J. Exp. Zool.,168 (4): 423–36.

WERNER, F. (1899): Ein neues Chamaeleon aus Madagascar (*Chamaeleon axillaris*). – Zool. Anz., 22: 183–184.

WERNER, F. (1911); Chamaeleonidae. – Das Tierreich, Walter de Gruyter, Berlin, 27: 1–52+xi

Bildquellen

Ivan Alfonso: S. 107 o., 118, 133 o.

Reinhard Ehrmann: S. 70, 71.

Jutta und Robert Elbert: S. 10 o.

Oliver Endriß: S. 25.

Markus Grimm: S. 47, 54 u., 58, 101, 102 o., 113 u.

Moritz Grubenmann: S. 99 li. o., 102 u., 124, 125 u., 127 o. u. u., 130 o., 131.

Herpetal: S. 52.

Peter und Jürgen Hoch: S. 14. o., 20 re. u., 21, 31, 55, 75, 108, 109 o., 112, 116, 117 o., 132 o., 133 u.

Hannes Kichhauser: S. 64, 85 o.

Andreas Kirschner: S. 9, 10 u., 11 li., 19, 20 o. u. li. u., 28 u., 29 re. u. und o., 30, 34–37, 42, 43 li. u. Mi., 44, 45 re. u. u., 46, 54 o., 66, 72 o., 80 o., 87 o., 97, 99 o. M. u. re., 99 u., 106 u.,107 u., 136 u.

Ozan Kirilmaz: S. 33 o., 106 o., 111, 119 o., 122 M. re. u. li. u.

Ingo Kober: S. 14 u., 11 o. u. re. u., 13 u., 14 u., 15, 22 u., 23, 24, 26, 27, 28 o., 29 li. u., 32, 33 u., 41, 43 u. und o. Mi., 45 li. Mi., 67, 68, 73, 77–79, 80 u., 81–83, 85 u., 86, 87 u., 88–92, 93 o., 94, 95.

Bill Love: S. 109 u., 114 o., 129 o.

Michel Luquet: S. 12, 13 o., 16, 18, 57, 62, 65, 100, 103 o., 105, 135 u., 138, 139 o., 140 u., 141 o., 143 li., 144 o., 145, 146.

Jessie Maisano (www.DigiMorph.org): S. 72 u.

Walter Matzanke: S. 7, 74, 93 u.

Claire Metz: S. 22 o., 61, 103 u., 119 u., 123 u., 132 u., 137, 139 u. u. M.

Jim Nozaki (Amazing Blue Reptiles): S. 135 o., 136 o.

Andreas Ochsenbein: S. 130 u., 134, 136 u., 140 o., 142, 143 rechte Spalte, 144.

David Parks: S. 125 o., 126, 127 M., 128, 129 u.

Niels Pedersen: S. 110, 113 o., 121, 122 o. u. u.

Heike Schneider: S. 98, 120, 123 o., 149.

Michael Schwarz: S. 48, 117 u., 141 u.

Jürgen Seybold: S. 56.

Klaus Zeddel: S. 114 u., 115.

Diagramme:
Christine Gielisch: S. 71, 101, 145.

Zeichnungen:
Andreas Kirschner: S. 16, 68, 98.

Verlagsprogramm

Handbuch der Futterpflanzen
Marion Minch
ISBN 978-3-940376-00-8
350 Seiten, 541 Farbfotos
€ 34,80

Madagaskarleguane
Uwe Schlüter
ISBN 987-3-9808264-8-8
über 60 Seiten,
vorauss. **€ 29,80**

Buntleguane
Uwe Schlüter
ISBN 987-3-9808264-7-1
über 60 Seiten,
vorauss. **€ 29,80**

Die Lidgeckos
Seufer, Kaverkin & Kirschner
ISBN 987-3-9804207-7-8
238 Seiten, 273 Fotos
€ 34,80

Die Langschwanzeidechsen der Gattung *Takydromus*
Uwe Schlüter
ISBN 978-3-9804207-6-1
110 Seiten, 83 Farbfotos
€ 17,80

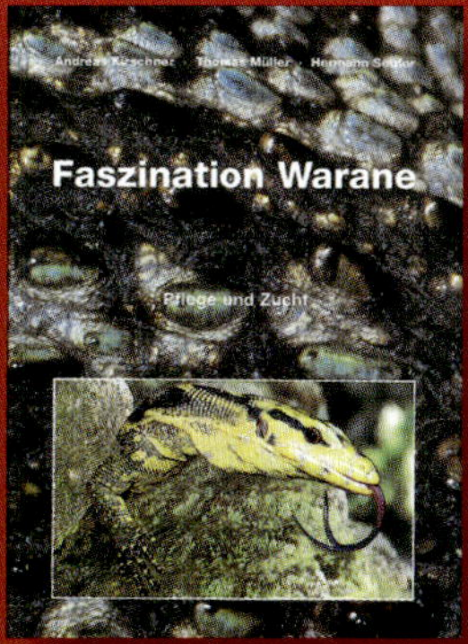

Faszination Warane
Kirschner, Müller & Seufer
ISBN 978-3-9804207-2-3
254 Seiten, 240 Farbfotos
€ 45,50

Vogelspinnen
Søren Rafn
ISBN 987-3-9808264-9-5
126 Seiten, 195 Farbfotos
€ 26,80

Farb- und Zeichnungs-standard der Kornnatter
Rolf Kreutz
ISBN 978-3-9808264-4-0
158 Seiten, 295 Farbfotos
€ 29,80

Die Gattung *Boa*
Klaus Bonny
ISBN 987-3-9808264-5-7
262 Seiten, 417 Farbfotos,
€ 39,80

Der Tigerpython
A. Kirschner & C. Hillger
ISBN 987-3-9808264-6-4
über 100 Seiten,
zahlreiche Farbfotos
vorauss. **€ 29,80**

Grüner Baumpython und Grüne Hundskopfboa
R. Kivit & S. Wiseman
ISBN 978-3-9804207-9-2
174 Seiten, 259 Farbfotos
€ 32,00

Zu beziehen bei:

Kirschner & Seufer Verlag
Rheinaustr. 48, 76287 Rheinstetten
Tel.: ++49 (0)7242 / 933648,
Fax: ++49 (0)7242 / 9346523

E-Mail: Kirschner@KUS-Verlag.de
www.KUS-Verlag.de
oder im gut sortierten Fachhandel